STA첫걸음

| Vision IT 지음 |

파워포인트 2021

단계별 정복하기

KB104397

이 책의 특징

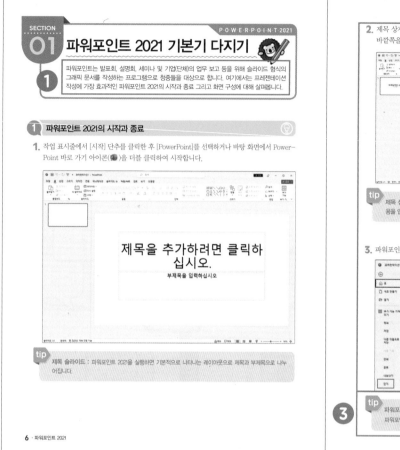

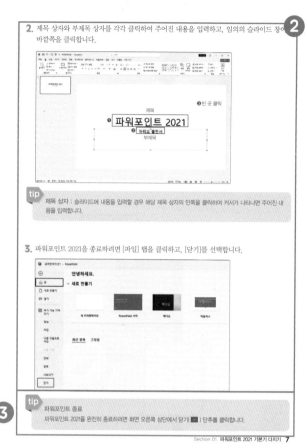

❶ 섹션 설명

해당 단원에서 배울 내용에 대한 전체적인 개념을 짚어줌으로써 단원에 대한 이해도를 증진시키도록 합니다.

❷ 따라하기

본문 내용을 하나씩 따라해 가면서 실습하다 보면 자연스럽게 관련 기능을 이해하여 활용할 수 있도록 하였습니다.

❸ Tip

실습을 따라하는 과정에서 알아두면 도움이 되는 내용 및 저자만이 가지고 있는 다양한 노하우를 제공합니다.

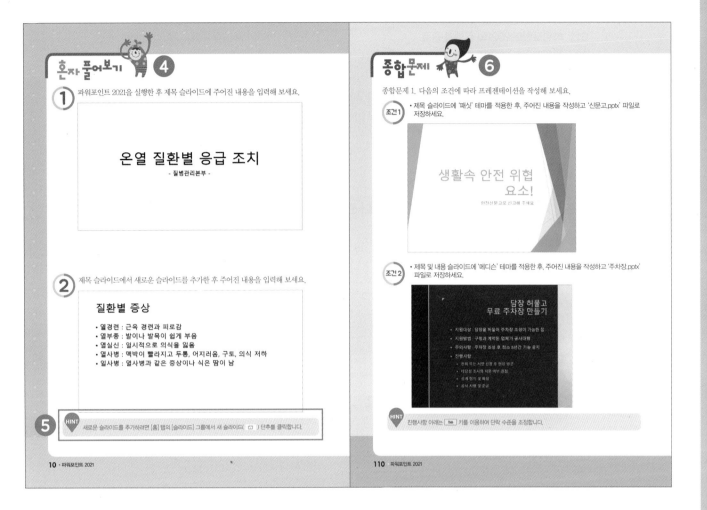

④ 혼자 풀어보기

본문에서 배운 내용을 다양한 예제를 통하여 실습하면서 확실하게 익힐 수 있도록 실습 문제를 담았습니다.

⑤ HINT

혼자 풀어볼 때 도움을 줄 수 있는 핵심 기능을 제공합니다.

⑥ 종합문제

본문을 모두 학습한 후 배운 내용을 총정리할 수 있는 다양한 종합문제를 담아 실력 향상을 할 수 있도록 하였습니다.

Section 01 파워포인트 2021 기본기 다지기   6

01 │ 파워포인트 2021의 실행과 종료
02 │ 파워포인트 2021의 화면 구성

Section 02 새 프레젠테이션 만들고 저장하기   12

01 │ 새 슬라이드와 슬라이드 레이아웃
02 │ 슬라이드에 텍스트 입력하기
03 │ 프레젠테이션 저장하기

Section 03 슬라이드 테마와 배경 스타일 지정하기   18

01 │ 슬라이드 테마 변경하기
02 │ 배경 스타일 변경하기

Section 04 특수 문자와 한자 입력하기   22

01 │ 특수 문자(기호) 입력하기
02 │ 한자 변환하기

Section 05 다양한 서식으로 예쁘게 꾸미기   26

01 │ 글꼴 서식 지정하기
02 │ 단락 서식 지정하기

Section 06 글머리 기호와 번호 매기기   30

01 │ 글머리 기호 삽입하기
02 │ 번호 매기기

Section 07 도형 삽입과 편집하기   36

01 │ 도형 삽입/복사/간격 조정하기
02 │ 도형 정렬/서식/그룹화 지정하기

Section 08 WordArt로 텍스트 꾸미기   42

01 │ WordArt 삽입하기
02 │ WordArt 편집하기

Section 09 SmartArt 그래픽 활용하기   46

01 │ SmartArt 그래픽 삽입하기
02 │ SmartArt 그래픽 편집하기

Section 10 아이콘과 그림 삽입하기   50

01 │ 아이콘으로 슬라이드 꾸미기
02 │ 온라인 그림으로 슬라이드 꾸미기

Section 11 표 작성 및 편집하기   56

01 | 표 삽입하기
02 | 표 편집하기
03 | 표 디자인하기

Section 12 차트 작성 및 편집하기   64

01 | 차트 삽입하기
02 | 차트 편집하기

Section 13 슬라이드 마스터 디자인하기   70

01 | 슬라이드 마스터 디자인
02 | 슬라이드 레이아웃 디자인

Section 14 화면 전환 효과 적용하기   74

01 | 화면 전환 효과 설정하기
02 | 슬라이드 이동 시간 설정하기

Section 15 애니메이션 효과 활용하기   78

01 | 일반 애니메이션 적용하기
02 | 고급 애니메이션 적용하기

Section 16 슬라이드 쇼 보기   84

01 | 슬라이드 쇼 보기
02 | 주석 사용하기

Section 17 비디오와 소리 삽입하기   90

01 | 스톡 비디오 삽입하기
02 | 온라인 그림에 소리 삽입하기

Section 18 하이퍼링크와 실행 단추 적용하기   96

01 | 하이퍼링크 설정하기
02 | 실행 단추 설정하기

Section 19 슬라이드 예행 연습하기   102

01 | 슬라이드 예행 연습 설정하기

Section 20 프레젠테이션 인쇄하기   106

01 | 슬라이드 인쇄 설정하기

종합문제   109

파워포인트 2021 기본기 다지기

파워포인트는 발표회, 설명회, 세미나 및 기업(단체)의 업무 보고 등을 위해 슬라이드 형식의 그래픽 문서를 작성하는 프로그램으로 청중들을 대상으로 합니다. 여기에서는 프레젠테이션 작성에 가장 효과적인 파워포인트 2021의 시작과 종료 그리고 화면 구성에 대해 살펴봅니다.

1 파워포인트 2021의 시작과 종료

1. 작업 표시줄에서 [시작] 단추를 클릭한 후 [PowerPoint]를 선택하거나 바탕 화면에서 Power-Point 바로 가기 아이콘(●)을 더블 클릭하여 시작합니다.

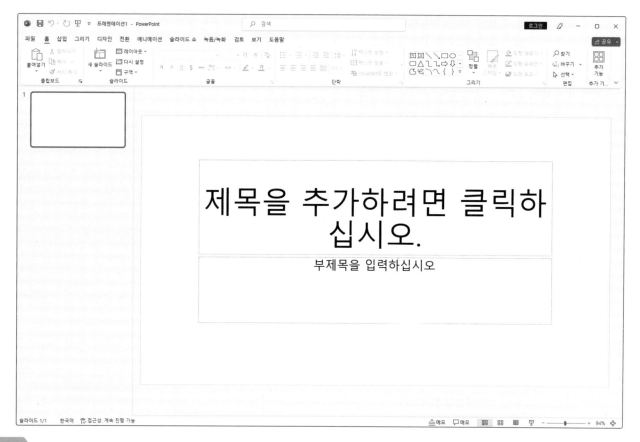

tip

제목 슬라이드 : 파워포인트 2021을 실행하면 기본적으로 나타나는 레이아웃으로 제목과 부제목으로 나누어집니다.

2. 제목 상자와 부제목 상자를 각각 클릭하여 주어진 내용을 입력하고, 임의의 슬라이드 창이나 바깥쪽을 클릭합니다.

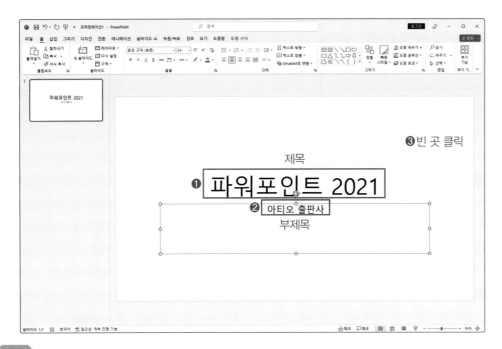

제목 상자 : 슬라이드에 내용을 입력할 경우 해당 제목 상자의 안쪽을 클릭하여 커서가 나타나면 주어진 내용을 입력합니다.

3. 파워포인트 2021을 종료하려면 [파일] 탭을 클릭하고, [닫기]를 선택합니다.

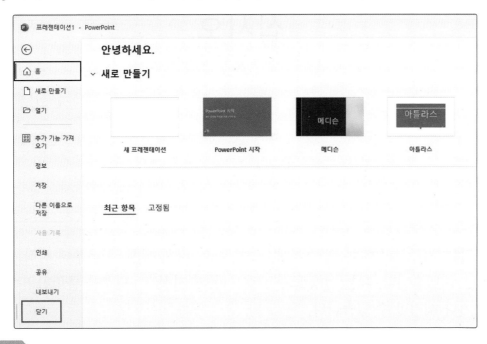

파워포인트 종료
파워포인트 2021을 완전히 종료하려면 화면 오른쪽 상단에서 닫기(×) 단추를 클릭합니다.

4. 프레젠테이션의 변경 내용에 대해 저장 유무를 묻는 대화 상자가 나타나면 여기에서는 [저장 안 함] 단추를 클릭합니다.

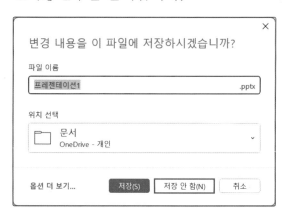

2 파워포인트 2021의 화면 구성

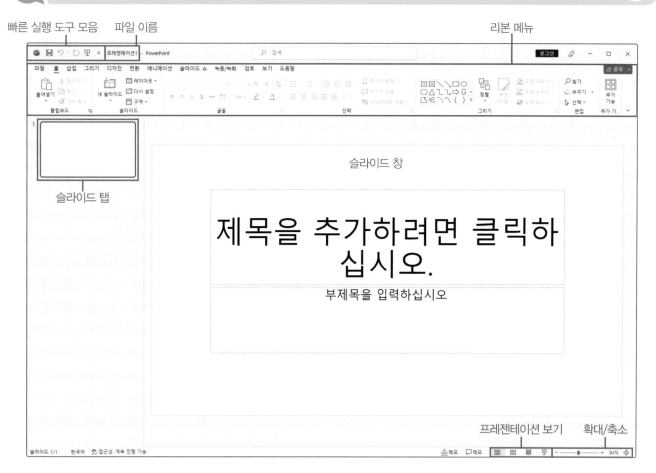

▶**빠른 실행 도구 모음** : 자주 사용하는 명령(저장, 실행 취소, 다시 실행, 처음부터 시작)을 바로 사용하거나 추가할 수 있습니다. 빠른 실행 도구 모음 사용자 지정(▽) 단추를 클릭하면 다른 명령 도구를 추가하거나 제거할 수 있습니다.

▶**파일 이름** : 현재 열려 있는 프레젠테이션의 제목, 파일 이름 등을 표시힙니다. 현재 작업중인 슬라이드를 저장하기 전에는 프레젠테이션1, 프레젠테이션2, ... 등으로 나타나지만 작성한 슬 라이드를 저장할 경우는 해당 파일 이름이 표시됩니다.

▶**리본 메뉴** : 파워포인트 2021의 프로그램 메뉴와 도구 모음을 모아놓은 것으로 작업에 필요한 명령을 빠르게 사용할 수 있습니다. 기본 탭으로 [홈], [삽입], [그리기], [디자인], [전환], [애니메이션], [슬라이드 쇼], [녹음/녹화], [검토], [보기], [도움말]로 구성되지만 필요에 따라 탭을 추가할 수도 있습니다. 원하는 탭을 클릭하면 관련된 명령들이 나타납니다.

▶**슬라이드 탭** : 현재 슬라이드를 축소판 형식으로 볼 수 있으며, 여러 슬라이드를 바로 탐색(이동)하거나 디자인 변경 결과를 확인할 수 있습니다.

▶**슬라이드 창** : 현재 슬라이드 작업이 표시되는 영역으로 텍스트, 도형, 그림, 메모, WordArt, SmartArt, 표, 차트, 비디오, 오디오, 하이퍼링크, 애니메이션 등을 삽입할 수 있습니다.

▶**프레젠테이션 보기** : 현재 슬라이드 화면을 기본, 여러 슬라이드, 읽기용 보기, 슬라이드 쇼 형태로 보여줍니다.

기본(▣)	가장 많이 사용하는 보기로 슬라이드를 하나씩 보여줍니다.
여러 슬라이드(⊞)	프레젠테이션의 모든 슬라이드가 가로 순서의 축소판 형태로 표시됩니다.
읽기용 보기(▤)	프레젠테이션을 검토할 수 있도록 전체 화면으로 표시됩니다.
슬라이드 쇼(🖵)	현재 슬라이드부터 전체 화면에 표시되어 슬라이드 쇼를 진행합니다.

▶**확대/축소** : 슬라이드 화면을 원하는 크기대로 조절할 수 있습니다.

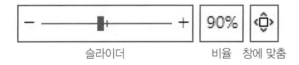
슬라이더   비율 창에 맞춤

확대/축소 슬라이더	[−]를 클릭하면 슬라이드를 10% 단위로 축소하고, [+]를 클릭하면 슬라이드를 10% 단위로 확대합니다. 가운데 슬라이더 바를 좌우로 드래그하면 슬라이드를 자유롭게 확대/축소할 수 있습니다.
확대/축소 비율	현재 슬라이드의 화면 비율을 표시해줍니다. 해당 수치를 클릭하면 [확대/축소] 대화 상사가 나타나며, 여기에서 원하는 비율을 직접 신택할 수 있습니다.
창에 맞춤	슬라이드의 전체 화면을 현재 창 크기에 맞춥니다.

① 파워포인트 2021을 실행한 후 제목 슬라이드에 주어진 내용을 입력해 보세요.

온열 질환별 응급 조치
- 질병관리본부 -

② 제목 슬라이드에서 새로운 슬라이드를 추가한 후 주어진 내용을 입력해 보세요.

질환별 증상

- 열경련 : 근육 경련과 피로감
- 열부종 : 발이나 발목이 쉽게 부음
- 열실신 : 일시적으로 의식을 잃음
- 열사병 : 맥박이 빨라지고 두통, 어지러움, 구토, 의식 저하
- 일사병 : 열사병과 같은 증상이나 식은 땀이 남

 HINT 새로운 슬라이드를 추가하려면 [홈] 탭의 [슬라이드] 그룹에서 새 슬라이드(▭) 단추를 클릭합니다.

슬라이드를 추가한 후 주어진 내용을 입력하고, 슬라이드 화면을 '100%'로 확대해 보세요.

질환별 응급 조치

- 열경련 : 시원한 장소에서 휴식, 이온 음료 섭취
- 열부종 : 시원한 장소에서 발을 높인 자세로 휴식
- 열실신 : 평평한 곳에 눕힘
- 열사병 : 피부에 물을 뿌리고 가능한 몸을 차갑게 식히기
- 일사병 : 차가운 물이나 이온 음료를 먹임(구토 증세가 있는 경우 물을 마시는 것은 금물)

 HINT 확대/축소 슬라이더에서 [+]를 클릭하여 '100%'로 확대합니다.

 프레젠테이션 보기를 여러 슬라이드로 전환해 보세요.

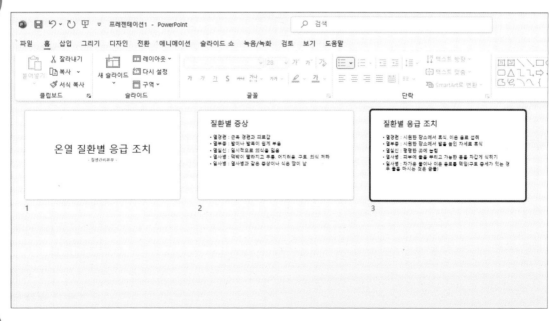

HINT 프레젠테이션 보기에서 여러 슬라이드( ) 단추를 클릭합니다.

새 프레젠테이션 만들고 저장하기

슬라이드에 내용을 입력한 후 새로운 슬라이드를 추가하여 여러 장의 프레젠테이션을 만들 수 있습니다. 여기에서는 슬라이드 내용에 맞는 레이아웃을 설정 및 변경하여 원하는 슬라이드를 작성하고, 이를 파일로 저장하는 방법에 대해 살펴봅니다.

1 새 슬라이드와 슬라이드 레이아웃

1. 슬라이드 크기를 조절하기 위해 [디자인] 탭의 [사용자 지정] 그룹에서 슬라이드 크기(📱슬라이드 크기·) 단추를 클릭하고, [표준(4:3)]을 선택한 후 주어진 내용을 입력합니다.

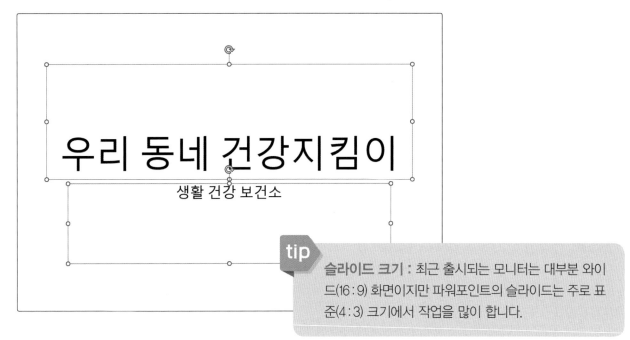

> **tip**
> 슬라이드 크기 : 최근 출시되는 모니터는 대부분 와이드(16:9) 화면이지만 파워포인트의 슬라이드는 주로 표준(4:3) 크기에서 작업을 많이 합니다.

2. 새로운 슬라이드를 추가하기 위해 [홈] 탭의 [슬라이드] 그룹에서 새 슬라이드(새 슬라이드) 단추를 클릭하고, '콘텐츠 2개'를 선택합니다.

> **tip**
> 슬라이드 레이아웃 : 새 슬라이드(🔲) 단추를 클릭하면 기본적으로 '제목 및 내용' 레이아웃이 적용됩니다. 이때, 원하는 레이아웃으로 변경하려면 [홈] 탭의 [슬라이드] 그룹에서 레이아웃(🔲레이아웃·) 단추를 클릭합니다.

❷ 슬라이드에 텍스트 입력하기

1. 슬라이드 제목을 입력한 후 왼쪽 텍스트 상자에 '기간과 장소'를 입력하고, `Enter` 키를 누릅니다. 이때, 단락이 바뀌면서 글머리 기호가 자동으로 나타납니다.

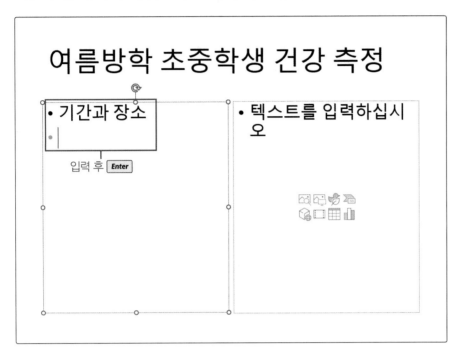

2. `Tab` 키를 누른 후 들여쓰기가 되면서 단락 수준이 내려가면 다음과 같이 두 단락의 내용을 각각 입력합니다.

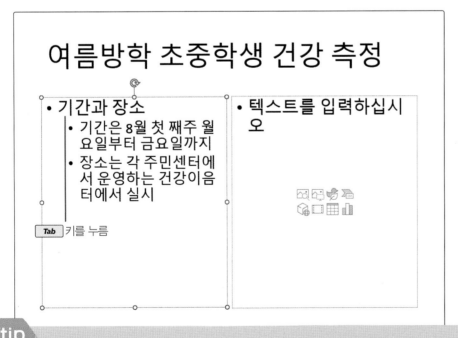

> **tip**
>
> 단락 수준
> • 단락 수준 내리기 : `Tab` 키를 누르면 단락 수준이 한 단계 내려갑니다.
> • 단락 수준 올리기 : `Shift` + `Tab` 키를 누르면 단락 수준이 한 단계 올라갑니다.

3. 오른쪽 텍스트 상자에도 '대상과 내용'을 입력하고, Enter 키를 누릅니다.

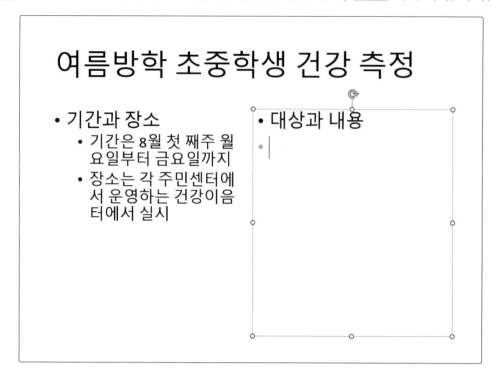

4. Tab 키를 눌러 단락 수준이 내려가면 주어진 내용을 각각 입력합니다.

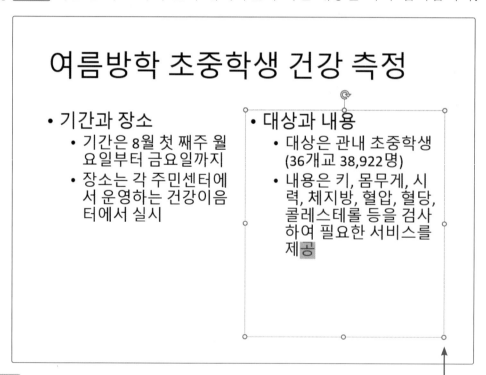

tip

입력 종료하기

슬라이드에 텍스트를 입력하면 텍스트 상자 부분에 테두리가 표시되는데 여기에서 모든 입력이 마무리되면 임의의 바깥쪽을 클릭하여 입력을 종료합니다.

3 프레젠테이션 저장하기

1. 슬라이드 내용을 저장하려면 [파일] 탭에서 [저장]을 선택하거나, 빠른 실행 도구 모음에서 저장(🖫) 단추를 클릭합니다.

2. [기타 위치]-[찾아보기]를 선택한 후 [다른 이름으로 저장] 대화 상자가 나타나면 저장 위치와 파일 이름을 입력하고, [저장] 단추를 클릭합니다.

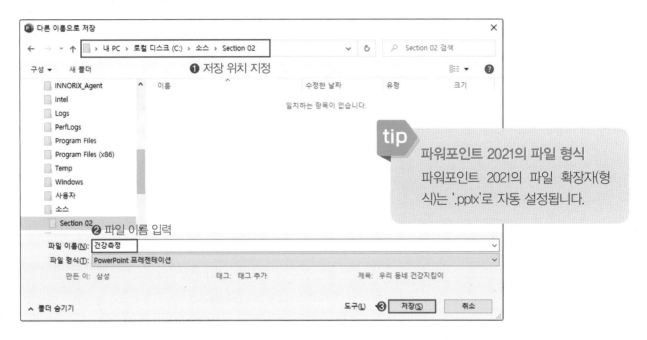

> **tip**
> **파워포인트 2021의 파일 형식**
> 파워포인트 2021의 파일 확장자(형식)는 '.pptx'로 자동 설정됩니다.

3. 프레젠테이션을 저장하면 제목 표시줄에 파일 이름이 표시됩니다.

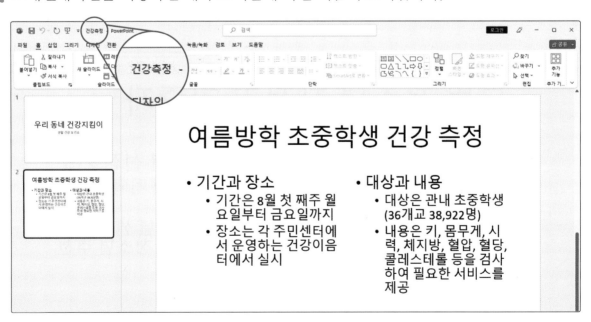

> **tip**
> **이전 파일 저장**
> 이전에 저장한 파일을 다시 저장하면 동일한 이름으로 저장되므로 [다른 이름으로 저장] 대화 상자는 나타나지 않습니다.

혼자 풀어보기

① 제목 슬라이드에 주어진 내용을 입력하고, '자전거.pptx' 파일로 저장하세요.

청소년 자전거 캠페인

한국청소년수련관

> **HINT** 슬라이드 크기를 '표준(4:3)'으로 변경한 후 주어진 내용을 입력합니다.

② '콘텐츠 2개' 레이아웃의 슬라이드를 추가한 후 주어진 내용을 입력하고, 동일한 파일 이름으로 저장하세요.

모범 청소년 자전거 기증자

- 사업 내용
  - 모범 청소년 대상 자전거 기증 사업
  - 자전거 기증자 모집 후 자전거 기증
  - 수여식을 통한 모범 청소년 자전거 수여
- 모범 청소년 선정 기준
  - 각 학교 및 지역 센터의 추천
  - 여러 청소년 센터의 의뢰로 모범 청소년 추천 및 선정

> **HINT** `Tab` 키를 눌러 단락 수준을 한 단계씩 내립니다.

제목 슬라이드에 주어진 내용을 입력하고, '도서관.pptx' 파일로 저장하세요.

책과 놀이가 있는
행복 도서관

- 서울시 어린이 도서관 -

 '제목 및 내용' 레이아웃의 슬라이드를 추가한 후 주어진 내용을 입력하고, 동일한 파일 이름으로 저장하세요.

도서관 프로그램 설명

- 뜯어 만들며 배우는 역사
  - 아동 선착순 10명
  - 건물을 직접 조립해 보는 수업
- 리딩 버디(Reading Buddy)
  - 초등 저학년 선착순 8명
  - 학부모가 영어 동화책을 읽어줌
- 북스타트 데이
  - 초등학생 선착순 5명
  - 책 꾸러미 배부, 후속 활동 진행

 HINT 두 번째와 세 번째 문단은 **Shift** + **Tab** 키를 눌러 단락 수준을 한 단계 올릴 수 있습니다.

슬라이드 테마와 배경 스타일 지정하기

테마는 프레젠테이션의 전체 디자인을 설정하는 것으로 색, 글꼴, 효과, 스타일 등을 포함합니다. 또한, 배경 스타일은 슬라이드의 배경색을 여러 가지 서식으로 채우거나 투명도를 조절할 수 있습니다. 여기에서는 슬라이드의 테마와 배경 스타일을 적용하는 방법에 대해 알아봅니다.

1 슬라이드 테마 변경하기

1. '총조사.pptx' 파일을 열기한 후 [디자인] 탭의 [테마] 그룹에서 테마() 단추를 클릭하고, 원하는 테마를 선택합니다.

> **tip**
>
> **파일 열기 :** [파일] 탭에서 [열기]를 선택한 후 [기타 위치]–[찾아보기]를 클릭하고, [열기] 대화 상자가 나타나면 위치를 지정하고, 해당 파일을 열기합니다.

2. 테마가 적용되면 다시 한 번 [테마] 그룹에서 원하는 테마를 마우스 오른쪽 버튼으로 클릭하고, [선택한 슬라이드에 적용]을 선택합니다.

> **tip**
>
> **테마 적용 :** 테마를 선택하면 모든 슬라이드에 적용되므로 특정 슬라이드에만 원하는 테마를 적용하려면 마우스 오른쪽 버튼을 눌러 [선택한 슬라이드에 적용]을 선택합니다.

② 배경 스타일 변경하기

1. 2번 슬라이드를 선택한 후 [디자인] 탭의 [적용] 그룹에서 적용( ) 단추를 클릭하고, [배경 스타일]-[스타일 9]를 선택합니다.

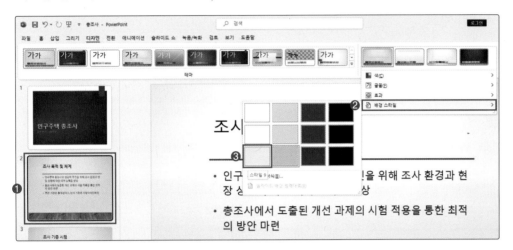

> **tip**
>
> **[배경 서식] 단추** : 배경 서식( ) 단추를 클릭하면 채우기, 배경 그래픽 숨기기, 그라데이션(종류, 방향, 각도) 등을 설정할 수 있습니다.

2. 그 결과 2번 슬라이드부터 선택한 배경 스타일이 적용된 것을 확인할 수 있습니다.

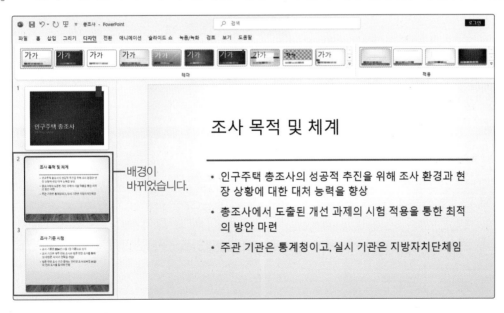

> **tip**
>
> **[적용] 메뉴**
> - **색** : Office 색으로 구성된 여러 가지 색상을 선택할 수 있습니다.
> - **글꼴** : Office에서 지정할 수 있는 다양한 글꼴을 선택할 수 있습니다.
> - **효과** : Office에서 지정한 다양한 효과(네온, 반사, 광택 등)를 선택할 수 있습니다.

혼자 풀어보기

① 슬라이드에 주어진 내용을 각각 입력한 후 '명언' 테마를 적용하고, '페스티벌.pptx' 파일로 저장하세요.

서울 대공원 페스티벌

<가족 동행 페스티벌 개최>

행복길 콘서트 안내

○ **모집 대상 및 인원**
  ○ 콘서트를 함께 즐길 수 있는 남녀노소 누구나
  ○ 선착순 1,000가족 모집
○ **참가 혜택 및 신청**
  ○ 숲속의 무대 메인 좌석(기념 티셔츠 제공)
  ○ 서울시 공공서비스 예약 사이트 선착순 접수
○ **오시는 길**
  ○ 정문에서 도보 10분 소요(약 500m)
  ○ 후문에서 도보 15분 소요(약 800m)

HINT 슬라이드 크기를 '표준(4:3)'으로 변경한 후 '제목 슬라이드'와 '제목 및 내용' 슬라이드에 주어진 내용을 입력하고, 테마를 변경합니다.

② '페스티벌.pptx' 파일에 다음과 같이 슬라이드를 추가하여 내용을 작성한 후, 두 슬라이드에만 '발전' 테마를 적용해 보세요.

행사 내용 및 안내

- 오전 행사 안내
  - 아이스브레이킹(오프닝, 시민 참여 퀴즈)
  - 동심 가득 행복 찾기(합창&댄스, 버블쇼)
  - 동화속 모험 체험(비눗방울쇼, 오케스트라 연주, 댄스 퍼포먼스)
- 오후 행사 안내
  - 동상이몽 행복 만들기(현대 무용, 뮤지컬 댄스와 갈라쇼)
  - 동구밖 행복 나누기(뮤지컬 갈라쇼, 성악)
  - 경품 추첨(갤럭시 탭, 자전거, 이어폰)

행사 세부 프로그램

- 사랑 콘서트
  - 장애인과 비장애인이 함께 하는 공연
  - 장소는 숲속의 무대
- 기쁨 콘서트
  - 동화 작가와 함께 하는 엽서 컬러링 체험
  - 장소는 세움 전시장
- 행복 콘서트
  - 서울팝스오케스트라가 선사하는 공연
  - 장소는 열린 무대
- 웃음 콘서트
  - 다문화 가정과 함께 하는 유소년 축구 교실
  - 장소는 잔디구장

HINT '콘텐츠 2개'의 슬라이드를 추가한 후 내용을 각각 입력하고, '발전' 테마는 [선택한 슬라이드에 적용]을 선택합니다.

③ 슬라이드 1과 슬라이드 2에는 테마 색을 '녹색'으로 변경해 보세요.

서울 대공원 페스티벌

<가족 동행 페스티벌 개최>

행복길 콘서트 안내

○ 모집 대상 및 인원
  ○ 콘서트를 함께 즐길 수 있는 남녀노소 누구나
  ○ 선착순 1,000가족 모집
○ 참가 혜택 및 신청
  ○ 숲속의 무대 메인 좌석(기념 티셔츠 제공)
  ○ 서울시 공공서비스 예약 사이트 선착순 접수
○ 오시는 길
  ○ 정문에서 도보 10분 소요(약 500m)
  ○ 후문에서 도보 15분 소요(약 800m)

HINT [디자인] 탭의 [적용] 그룹에서 [적용] 단추를 클릭하고, [색]−[녹색]을 선택합니다.

④ 슬라이드 3과 슬라이드 4에는 테마 배경 스타일을 '스타일 2'로 각각 변경하고, 모든 내용을 동일한 이름으로 저장하세요.

행사 내용 및 안내

• 오전 행사 안내
  – 아이스브레이킹(오프닝, 시민 참여 퀴즈)
  – 동심 가득 행복 찾기(합창&댄스, 버블쇼)
  – 동화속 모험 체험(비눗방울쇼, 오케스트라 연주, 댄스 퍼포먼스)
• 오후 행사 안내
  – 동상이몽 행복 만들기(현대 무용, 뮤지컬 댄스와 갈라쇼)
  – 동구밖 행복 나누기(뮤지컬 갈라쇼, 성악)
  – 경품 추첨(갤럭시 탭, 자전거, 이어폰)

행사 세부 프로그램

• 사랑 콘서트
  – 장애인과 비장애인이 함께 하는 공연
  – 장소는 숲속의 무대
• 기쁨 콘서트
  – 동화 작가와 함께 하는 엽서 컬러링 체험
  – 장소는 세움 전시장
• 행복 콘서트
  – 서울팝스오케스트라가 선사하는 공연
  – 장소는 열린 무대
• 웃음 콘서트
  – 다문화 가정과 함께 하는 유소년 축구 교실
  – 장소는 잔디구장

HINT [디자인] 탭의 [적용] 그룹에서 [적용] 단추를 클릭하고, [배경 스타일]−[스타일 2]를 선택합니다.

특수 문자와 한자 입력하기

슬라이드에서 해당 개체 틀(텍스트 상자)을 클릭하여 주어진 내용을 입력할 수 있습니다. 여기에서는 슬라이드의 원하는 위치에 특수 문자(기호)를 삽입하고, 내용 중 특정 단어를 한자로 변환하는 방법에 대해 알아봅니다.

1 특수 문자(기호) 입력하기

1. 제목 슬라이드에 '기본' 테마를 적용한 후 주어진 내용을 입력합니다. 특수 문자를 삽입하기 위해 부제목 앞에 커서를 위치시킨 후 한글 자음 'ㅁ'을 입력하고, `한자` 키를 누르면 기호 목록이 나타나는데 여기에서 원하는 기호를 선택합니다.

> **tip**
> **한글 자음** : 모든 한글 자음(ㄱ〜ㅎ)은 각각의 기호(괄호, 단위, 도형, 원, 괄호, 분수, 첨자 등)를 가지고 있습니다.

2. 기호가 삽입되면 `SpaceBar` 키를 눌러 한 칸을 띄운 후 동일한 방법으로 맨 뒤에도 같은 기호를 삽입합니다.

> **tip**
> **[기호] 대화 상자** : [삽입] 탭의 [기호] 그룹에서 기호(Ω 기호) 단추를 클릭하면 [기호] 대화 상자가 나타나며, '하위 집합'에 따라 기호 종류를 선택할 수 있습니다.

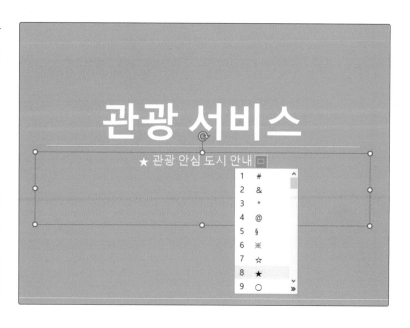

2 한자 변환하기

1. 제목에서 한자로 변경할 '관광'을 블록 지정한 후 [검토] 탭의 [언어] 그룹에서 한글/한자 변환 (漢 한글/한자 변환) 단추를 클릭합니다.

2. [한글/한자 변환] 대화 상자에서 해당 한자와 입력 형태를 선택하고, [변환] 단추를 클릭합니다.

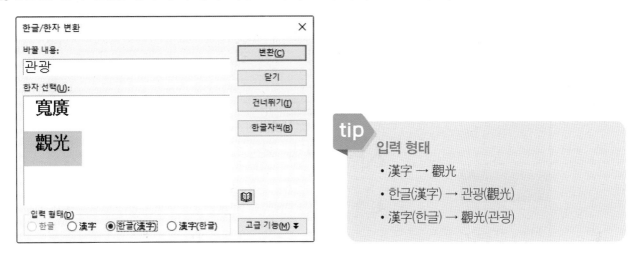

3. 입력 형태에 맞게 해당 한자가 삽입된 것을 확인하고, '관광.pptx' 파일로 저장합니다.

1 '자연주의' 테마를 적용하여 다음과 같이 제목 슬라이드를 작성하고, '알뜰폰.pptx' 파일로 저장하세요.

> **HINT** 한글 자음 'ㅁ'을 입력하고, [한자] 키를 누른 후 해당 기호 목록에서 특수 문자를 선택합니다.

2 '알뜰폰.pptx' 파일에 제목 및 내용 슬라이드를 추가한 후 주어진 내용을 작성하고, 저장하세요.

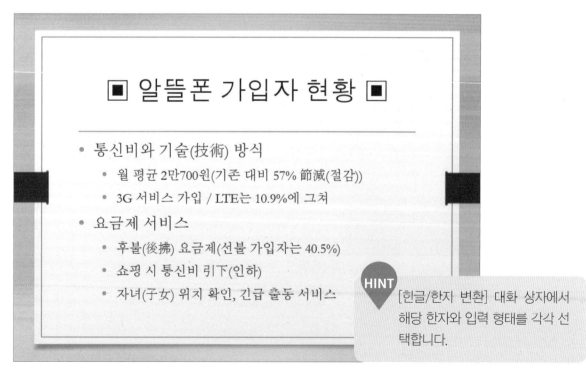

> **HINT** [한글/한자 변환] 대화 상자에서 해당 한자와 입력 형태를 각각 선택합니다.

③ '비누' 테마를 이용하여 다음과 같이 제목 슬라이드를 작성하고, '유치원.pptx' 파일로 저장하세요.

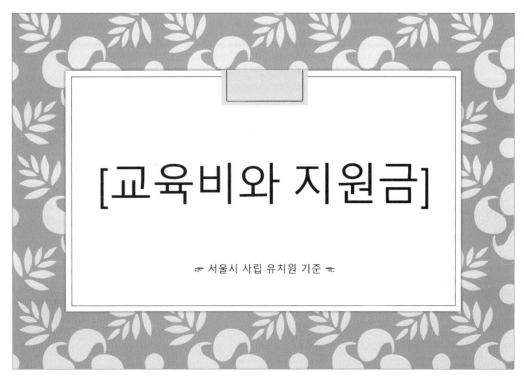

④ '유치원.pptx' 파일에 콘텐츠 2개 슬라이드를 추가한 후 주어진 내용을 작성하고, 저장하세요.

⊠ 유치원 교육비와 지원금 ⊠

◦ **사립 유치원 교육비(教育費)**
  ◦ 교육비 : 58만원
  ◦ 재료비 : 6만5천원
  ◦ 급식비 : 5만9천원
  ◦ 영어(英語) 교재비 : 4만원
  ◦ 특별(特別) 수업비 : 5만3천원
  ◦ 기타(其他) 잡비 : 2만5천원

◦ **사립 유치원 지원금(支援金)**
  ◦ 5세 누리과정 : 학생당 25만원
  ◦ 교사(教師) 활동비
    ◦ 담임 : 48만원
    ◦ 비담임 : 35만원
  ◦ 수업(受業) 운영비 : 매월 20만원
  ◦ 체육비 : 매월 30만원

HINT 지원금 단어에서 한자 변환은 지원(支援)과 금(金)을 각각 변환한 후 지원금(支援金)으로 수정합니다.

SECTION 05

P·O·W·E·R·P·O·I·N·T·2021

다양한 서식으로 예쁘게 꾸미기

테마를 지정하면 테마에 맞게 디자인과 서식이 적용되어 있지만, 필요에 의해 서식을 만들고 싶을 때도 있습니다. 여기에서는 슬라이드에 내용을 입력한 후 다양한 글꼴 서식과 단락 서식을 설정하는 방법에 대해 알아봅니다.

1 글꼴 서식 지정하기

1. 제목 슬라이드에 '패싯' 테마를 적용한 후 주어진 내용을 입력합니다. '장점과 단점' 부분을 블록 지정한 후 [홈] 탭의 [글꼴] 그룹에서 글꼴, 글꼴 크기, 글꼴 스타일, 글꼴 색을 각각 지정합니다.

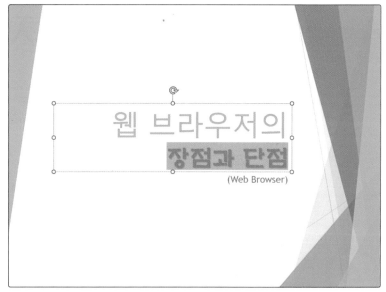

tip

[글꼴] 대화 상자 : [홈] 탭의 [글꼴] 그룹에서 글꼴(⌐s) 단추를 클릭한 후 [글꼴] 대화 상자의 [글꼴] 탭을 이용하면 보다 다양한 글꼴 서식을 지정할 수 있습니다.

2. 이번에는 부제목 텍스트 상자를 선택한 후 [홈] 탭의 [글꼴] 그룹에서 글꼴, 글꼴 크기, 글꼴 스타일, 글꼴 색을 각각 지정합니다.

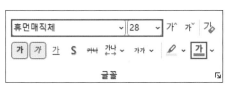

1. 제목 및 내용 슬라이드를 추가한 후 주어진 내용을 입력합니다. 제목 텍스트 상자를 선택한 후 [홈] 탭의 [단락] 그룹에서 가운데 맞춤(≡) 단추를 클릭합니다.

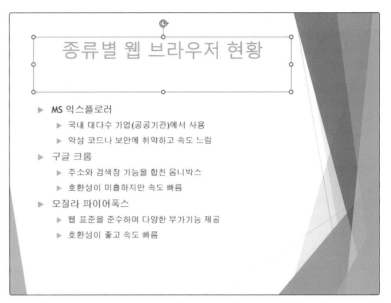

tip **텍스트 방향과 맞춤**
❶ **텍스트 방향** : 텍스트를 세로로 쓰거나 세워 쓰는 등 원하는 방향으로 회전합니다.
❷ **텍스트 맞춤** : 텍스트 상자에서 텍스트의 정렬 방법을 변경합니다.

2. 내용 텍스트 상자를 선택한 후 [홈] 탭의 [단락] 그룹에서 줄 간격(‡≡˅) 단추를 클릭하고, [1.5]를 선택하면 줄 사이 간격이 늘어납니다. 모든 작업이 완료되면 '웹브라우저.pptx' 파일로 저장합니다.

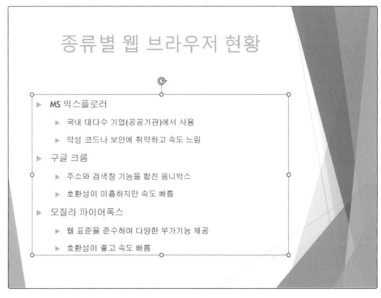

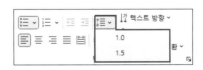

tip **줄 간격** : 줄 간격을 늘렸을 때 글꼴 크기가 작아지는 경우, 텍스트 상자의 크기가 제한되어 있기 때문이므로 텍스트 상자의 세로 크기를 늘리면 글꼴 크기가 다시 원위치 됩니다.

① '틀' 테마를 이용하여 다음과 같이 조건에 맞는 제목 슬라이드를 작성하고, '경기일정.pptx' 파일로 저장하세요.

조건	• 제목 : HY견고딕, 60pt, 텍스트 그림자
	• 부제목 : 궁서체, 28pt, 굵게, 노랑

② '경기일정.pptx' 파일에 제목 및 내용 슬라이드를 추가한 후, 조건에 맞게 내용을 작성하고 저장하세요.

조건	• 제목 : 맑은 고딕, 40pt, 굵게, 가운데 맞춤
	• 부제목 : 돋움, 진한 파랑, 줄 간격(1.0)

주간별 경기 일정

• 첫째 주 경기 일정
  • 사격 여자 10m 공기 소총
  • 수영 자유형 남자 400mm
  • 양궁 남자/여자 단체
• 둘째 주 경기 일정
  • 유도 남자 81kg급
  • 역도 여자 75kg 이상급
  • 배드민턴 남자 복식 4강
• 셋째 주 경기 일정
  • 태권도 여자 58kg급
  • 핸드볼 남자 준결승
  • 리듬체조 여자 종합 결승

'갤러리' 테마를 이용하여 다음과 같이 조건에 맞는 제목 슬라이드를 작성하고, '보육원.pptx' 파일로 저장하세요.

조건	• 제목 : 한컴 고딕, 60pt, 가운데 맞춤 • 부제목 : 맑은 고딕, 20pt, 기울임꼴, 진한 빨강

전국 보육원 아동
정부 지원금

♥ 아동 1인당 기준으로 보건복지부 제공 ♥

 '보육원.pptx' 파일에 콘텐츠 2개 슬라이드를 추가한 후, 조건에 맞게 내용을 작성하고 저장하세요.

조건	• 제목 : HY견명조, 44pt, 오른쪽 맞춤 • 내용 : HY중고딕, 진한 파랑/진한 빨강, 줄 간격(2.0)

항목별 정부 지원금

• 주식과 부식비
  • 100인 미만 : 25만원
  • 200인 미만 : 45만원
  • 300인 이상 : 70만원
  • 김장비 : 15만원
  • 간식비 : 10만원

• 피복비와 위로금
  • 하절기 : 50만원
  • 동절기 : 70만원
  • 동내의 : 30만원
  • 위로금 : 35만원

글머리 기호와 번호 매기기

글머리 기호는 문서의 항목을 보기 좋게 구분하기 위해서 삽입하는 기호이고, 번호 매기기는 문서의 항목을 순서에 맞게 나열하는 기능입니다. 여기에서는 슬라이드 내용에 글머리 기호와 번호를 삽입하여 각각의 항목을 구분하는 방법에 대해 알아봅니다.

1 글머리 기호 삽입하기

1. '예산사업.pptx' 파일을 불러오기 한 후 왼쪽 텍스트 상자에서 해당 부분을 블록 지정합니다. [홈] 탭의 [단락] 그룹에서 글머리 기호의 목록(📋▾) 단추를 클릭하고, [글머리 기호 및 번호 매기기]를 선택합니다.

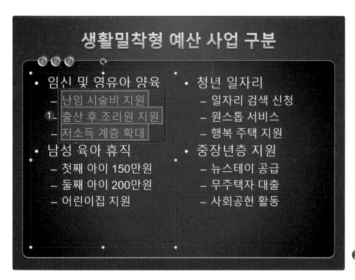

2. [글머리 기호 및 번호 매기기] 대화 상자의 [글머리 기호] 탭에서 [사용자 지정] 단추를 클릭합니다. [기호] 대화 상자에서 글꼴을 'Wingdings'로 선택한 후 원하는 기호를 지정하고, [확인] 단추를 클릭합니다.

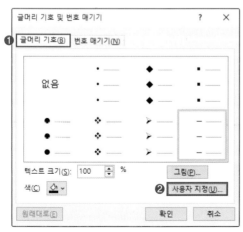
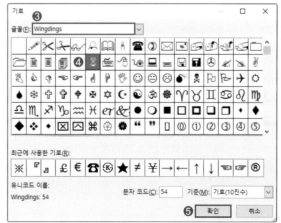

3. 다시 [글머리 기호 및 번호 매기기] 대화 상자가 나타나면 [글머리 기호] 탭에서 임의의 색을 지정하고, [확인] 단추를 클릭합니다.

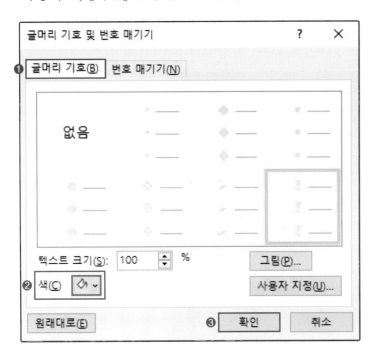

tip

[글머리 기호] 탭
- **텍스트 크기** : 텍스트의 크기에 따라 글머리 기호 크기를 조정합니다.
- **색** : 글머리 기호의 색상을 변경할 수 있습니다.
- **그림** : 기본적인 글머리 기호 외에 그림 모양의 글머리 기호를 표시합니다.
- **사용자 지정** : [기호] 대화 상자에서 원하는 모양의 특수 기호를 선택하여 글머리 기호로 사용합니다.

4. 그 결과 블록 지정한 부분이 선택한 글머리 기호로 변경되어 나타납니다.

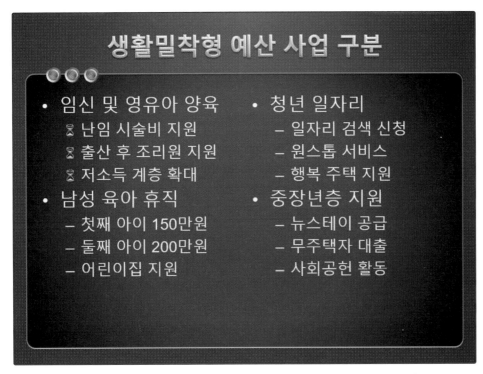

1. 왼쪽 텍스트 상자에서 해당 부분을 블록 지정한 후 [홈] 탭의 [단락] 그룹에서 번호 매기기의 목록(▤▾) 단추를 클릭하고, [글머리 기호 및 번호 매기기]를 선택합니다.

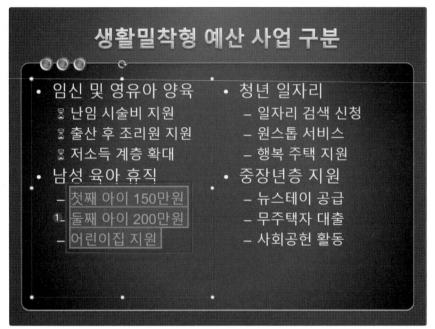

tip

번호 모양만 변경

번호 매기기에서 텍스트 크기, 색 등을 지정하지 않고, 번호 모양만 변경할 경우 해당 목록에서 원하는 번호 모양을 선택하면 됩니다.

2. [글머리 기호 및 번호 매기기] 대화 상자의 [번호 매기기] 탭에서 원하는 번호 모양과 색을 지정하고, [확인] 단추를 클릭합니다.

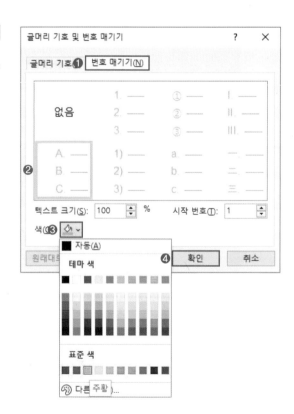

3. 그 결과 블록 지정한 부분에 선택한 번호가 매겨지는 것을 확인할 수 있습니다.

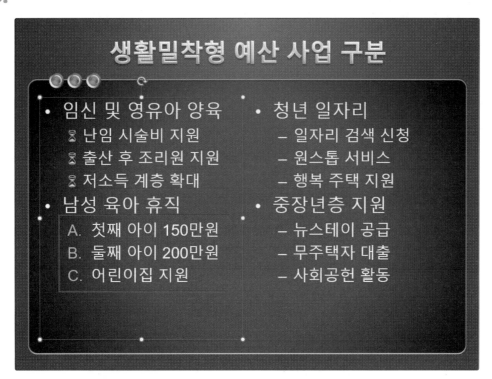

4. 동일한 방법으로 오른쪽 텍스트 상자에도 원하는 글머리 기호와 번호 모양을 각각 삽입하고, '예산사업(완성).pptx' 파일로 저장합니다.

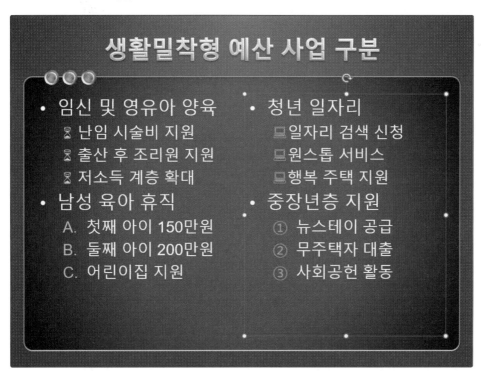

tip

글머리 기호 및 번호

글머리 기호나 번호가 삽입된 상태에서 Enter 키를 누르면 자동으로 해당 글머리 기호나 번호가 삽입됩니다. 이 때, 글머리 기호나 번호를 다음 줄에 삽입하지 않으려면 Shift + Enter 키를 누릅니다.

1 '주요 이벤트' 테마를 이용하여 주어진 제목 및 내용 슬라이드를 작성한 후 글머리 기호를 변경하고, '고령화.pptx' 파일로 저장하세요.

농촌 고령화의 현실

✿ **ICT** 기술의 증가
- 고령 농업 종사자에게 익숙하지 않은 **ICT** 기술
- 스마트 팜 확산의 걸림돌
- 관련 장비의 미설치와 어려움

✿ 빅데이터 기반의 농업
- 고령 농업 종사자가 다루기 힘든 모바일 기기
- 스마트 팜 온실의 확대
- 작물들의 재배와 관련된 빅데이터 수집

HINT [기호] 대화 상자에서 글꼴을 'Wingdings'로 선택한 후 해당 기호를 찾아 선택합니다.

2 '고령화.pptx' 파일에서 각 항목에 주어진 번호를 매기기하고, 저장하세요.

농촌 고령화의 현실

✿ **ICT** 기술의 증가
- a. 고령 농업 종사자에게 익숙하지 않은 **ICT** 기술
- b. 스마트 팜 확산의 걸림돌
- c. 관련 장비의 미설치와 어려움

✿ 빅데이터 기반의 농업
- 1) 고령 농업 종사자가 다루기 힘든 모바일 기기
- 2) 스마트 팜 온실의 확대
- 3) 작물들의 재배와 관련된 빅데이터 수집

HINT [글머리 기호 및 번호 매기기] 대화 상자의 [번호 매기기] 탭에서 해당 번호 모양과 색을 각각 지정합니다.

③ '비행기 구름' 테마를 이용하여 주어진 콘텐츠 2개 슬라이드를 작성한 후 글머리 기호를 변경하고, '어르신.pptx' 파일로 저장하세요.

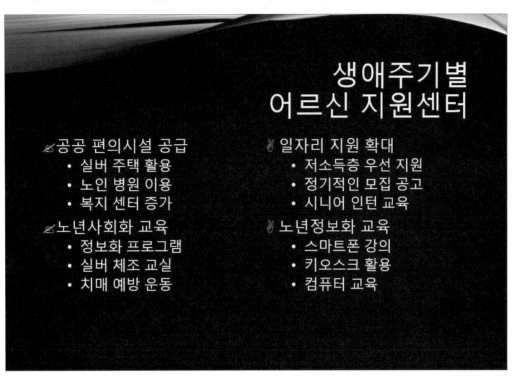

 '어르신.pptx' 파일에서 각 항목에 주어진 번호를 매기기하고, 저장하세요.

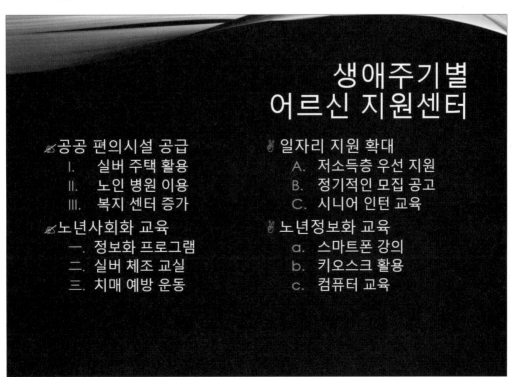

SECTION 07 도형 삽입과 편집하기

도형은 슬라이드 내용을 시각적으로 표현할 수 있는 것으로, 텍스트와 그림의 중간 단계를 연결합니다. 여기에서는 다양한 도형을 삽입한 후 복사, 모양 변경, 도형 스타일, 그룹화, 크기 조절 방법 등에 대해 알아봅니다.

1 도형 삽입/복사/간격 조정하기

1. 빈 화면 레이아웃에 '추억' 테마를 적용한 후 [삽입] 탭의 [일러스트레이션] 그룹에서 도형( ) 단추를 클릭하고, 기본 도형의 '배지'를 이용하여 슬라이드 왼쪽 상단에 적당한 크기로 삽입합니다.

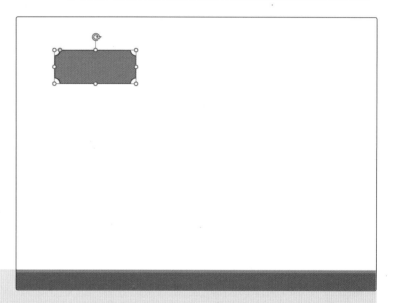

> **tip**
> **도형 작성 방법**
> • [Shift] + 드래그 : 정사각형/정원과 같이 가로와 세로 비율이 동일한 상태로 삽입됩니다.
> • [Ctrl] + 드래그 : 시작점의 위치가 도형의 중심점을 기준으로 상하좌우로 삽입됩니다.

2. [도형 서식] 탭의 [도형 스타일] 그룹에서 빠른 스타일(▾) 단추를 클릭하고, '색 채우기– 밤색, 강조 3, 윤곽선 없음'을 선택한 다음, 주어진 내용을 입력합니다.

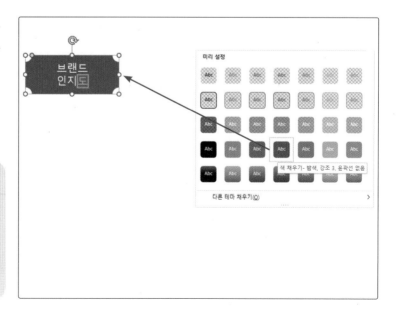

> **tip**
> **기본 도형 색** : 슬라이드에 도형을 삽입할 경우 도형의 기본 색은 파란색 계통이지만 슬라이드에 적용된 테마에 따라 도형 색상은 다르게 나타납니다.

3. 첫 번째 도형을 ⎡Ctrl⎤ + ⎡Shift⎤ 키를 누른 상태에서 아래쪽으로 각각 드래그하여 두 개의 배지 도형을 복사하고, 주어진 텍스트 내용으로 각각 수정합니다.

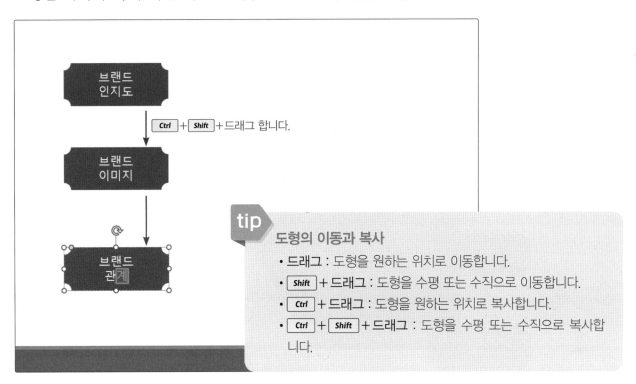

4. ⎡Ctrl⎤ 키를 누른 상태에서 세 개의 도형을 모두 선택한 후 [도형 서식] 탭의 [정렬] 그룹에서 맞춤(▣ 맞춤ˇ) 단추를 클릭하고, [세로 간격을 동일하게]를 선택합니다.

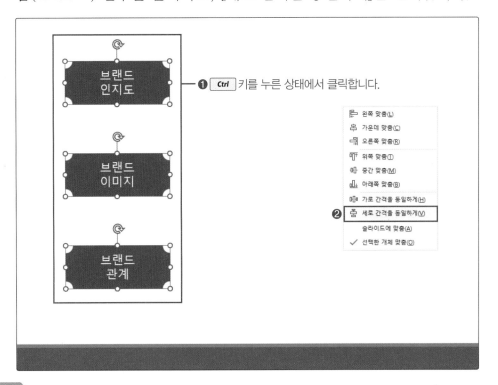

tip
도형 선택 : 여러 개의 도형을 동시에 선택하려면 마우스로 해당 도형이 포함되도록 드래그하여 선택하거나 ⎡Ctrl⎤ 키 또는 ⎡Shift⎤ 키를 누른 상태에서 여러 도형을 선택합니다.

1. [도형]-[블록 화살표]-[오각형(▷)]을 이용하여 슬라이드에 적당한 크기로 삽입한 후 [도형 서식] 탭의 [정렬] 그룹에서 뒤로 보내기(🔲뒤로 보내기 ﹀) 단추를 클릭하고, [맨 뒤로 보내기]를 선택합니다. 노란색 모양 조절 핸들 이용하여 오각형 모양을 조절합니다.

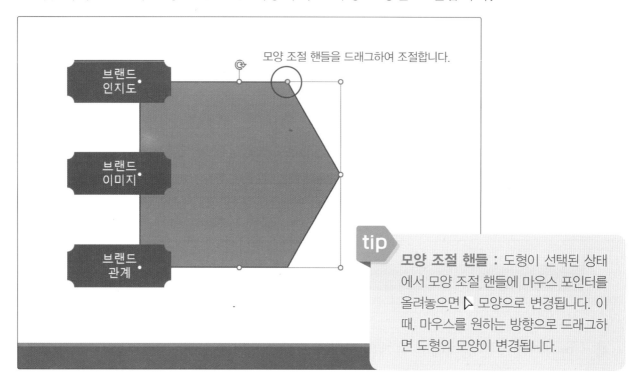

2. [도형 서식] 탭의 [도형 스타일] 그룹에서 도형 채우기(임의의 색)와 도형 윤곽선(윤곽선 없음)을 각각 지정합니다.

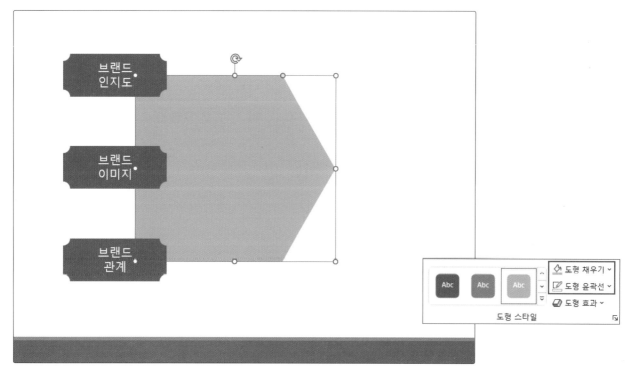

3. [도형]−[기본 도형]−[타원(◯)]을 이용하여 슬라이드에 적당한 크기로 삽입한 후 임의의 도형 스타일을 지정하고, 주어진 내용을 입력합니다. 도형 효과(✐ 도형 효과 ✔) 단추를 클릭하여 [네온]−[네온 변형]−[네온: 18pt, 주황, 강조색 1]을 선택합니다.

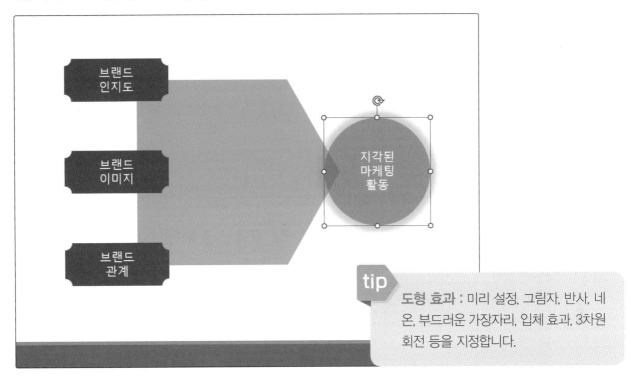

> **tip**
>
> **도형 효과** : 미리 설정, 그림자, 반사, 네온, 부드러운 가장자리, 입체 효과, 3차원 회전 등을 지정합니다.

4. 마우스로 모든 도형이 포함되도록 드래그하여 선택한 후 [도형 서식] 탭의 [정렬] 그룹에서 그룹화(☶ 그룹화 ✔) 단추를 클릭하고, [그룹]을 선택합니다. 모든 작업이 완료되면 '브랜드.pptx' 파일로 저장합니다.

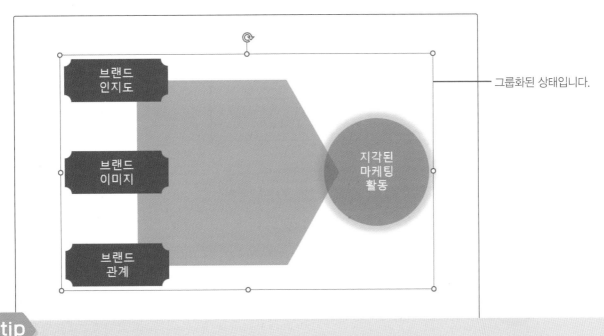

그룹화된 상태입니다.

> **tip**
>
> **도형 그룹화**
> - **그룹** : 여러 개의 도형(개체)을 하나로 그룹화하여 한꺼번에 이동/복사하고, 서식을 지정합니다.
> - **재그룹** : 그룹이 해제되었던 도형들을 다시 하나로 그룹화합니다.
> - **그룹 해제** : 그룹화된 도형을 각각의 개별적인 도형(개체)으로 해제합니다.

혼자 풀어보기

1 제목 슬라이드에 '소포' 테마를 적용한 후, 주어진 내용과 도형을 작성하고 '미래유산.pptx' 파일로 저장하세요.

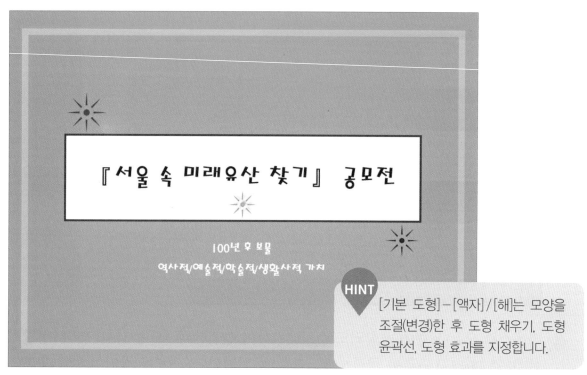

> **HINT**
> [기본 도형]-[액자]/[해]는 모양을 조절(변경)한 후 도형 채우기, 도형 윤곽선, 도형 효과를 지정합니다.

2 '미래유산.pptx' 파일에 제목만 슬라이드를 추가하고, 주어진 내용과 도형을 작성하세요.

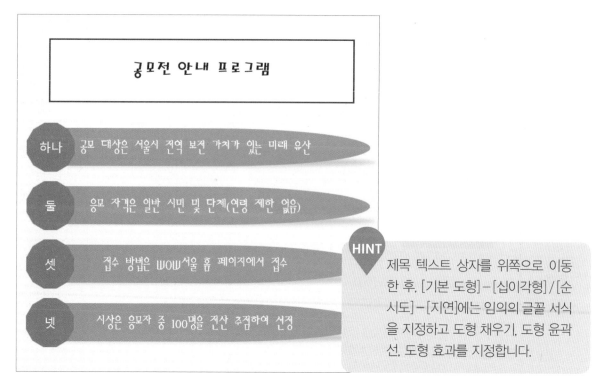

> **HINT**
> 제목 텍스트 상자를 위쪽으로 이동한 후, [기본 도형]-[십이각형]/[순서도]-[지연]에는 임의의 글꼴 서식을 지정하고 도형 채우기, 도형 윤곽선, 도형 효과를 지정합니다.

3 제목 슬라이드에 '목판' 테마를 적용한 후, 주어진 내용과 도형을 작성하고 '산업혁명.pptx' 파일로 저장하세요.

HINT [사각형]−[직사각형]/[기본 도형]−[타원]은 정렬(맨 뒤로 보내기)한 후 직사각형만 복사하고 도형 채우기, 도형 윤곽선, 도형 효과를 지정합니다.

4 '산업혁명.pptx' 파일에 제목만 슬라이드를 추가하고, 주어진 내용과 도형을 작성하세요.

HINT [사각형]−[둥근 위쪽 모서리]/[직사각형]과 [기본 도형]−[타원]을 삽입하여 수평/수직으로 복사한 후 도형 채우기, 도형 윤곽선, 도형 효과를 지정합니다. 전체 도형을 하나의 그룹으로 처리합니다.

WordArt로 텍스트 꾸미기

WordArt는 미리 설정된 텍스트 효과를 이용하여 문자열을 디자인하는 기능으로, 슬라이드에서 강조가 필요한 제목이나 중요한 텍스트를 꾸밀 때 사용합니다. 여기에서는 WordArt를 삽입하여 다양하게 편집한 후 모양을 변형하는 방법에 대해 알아봅니다.

1 WordArt 삽입하기

1. '8단원_샘플.pptx' 파일을 불러온 다음, [삽입] 탭의 [텍스트] 그룹에서 WordArt() 단추를 클릭하고, 원하는 스타일을 선택합니다.

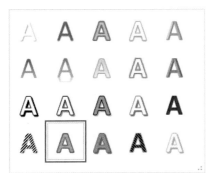

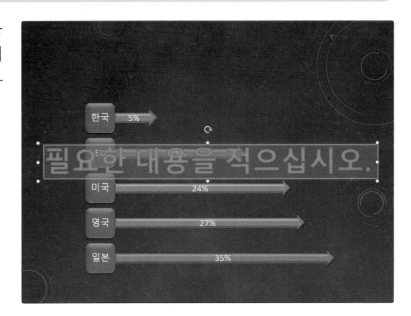

2. 슬라이드에 삽입된 WordArt에 주어진 내용을 입력하고, 마우스로 드래그하여 슬라이드 상단 중앙으로 이동합니다.

tip

WordArt 이동 : WordArt 위치를 정확하게 이동하려면 방향키를 이용하는 것이 좋습니다.

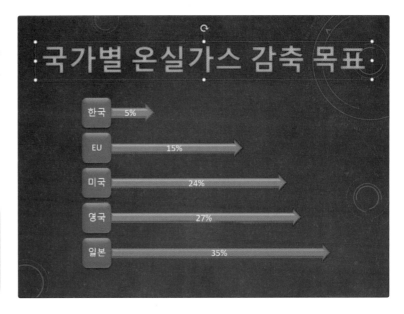

1. [도형 서식] 탭의 [WordArt 스타일] 그룹에서 텍스트 효과(**가** 텍스트 효과 ˅) 단추를 클릭하고, [변환]–[휘기]–[갈매기형 수장: 위로]를 선택합니다.

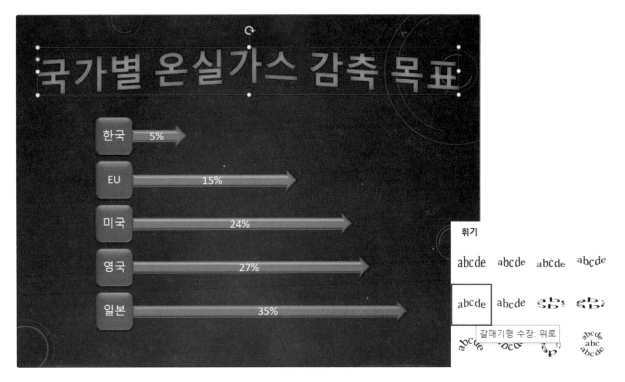

2. 계속해서 텍스트 효과(**가** 텍스트 효과 ˅) 단추를 클릭하고, [반사]–[반사 변형]–[근접 반사: 터치]를 선택합니다. 모든 작업이 완료되면 '온실가스.pptx' 파일로 저장합니다.

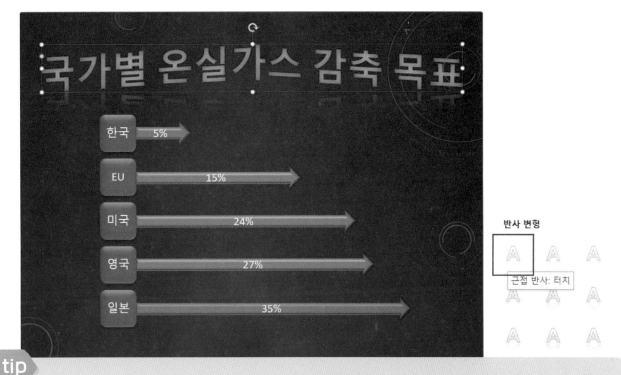

tip

WordArt 모양 조절 핸들 : WordArt에 나타난 모양 조절 핸들은 노란색으로 표시되며, 이를 마우스로 드래그 하면 현재 선택한 WordArt의 모양을 쉽게 변형할 수 있습니다.

① 빈 화면 슬라이드에 '줄기' 테마를 적용한 후 임의의 WordArt를 삽입하고, '알림마당.pptx' 파일로 저장하세요.

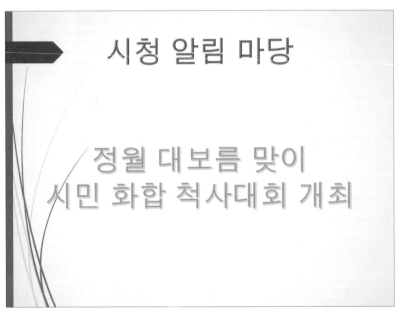

② '알림마당.pptx' 파일에서 2개의 WordArt를 다음과 같이 편집하고, 저장하세요.

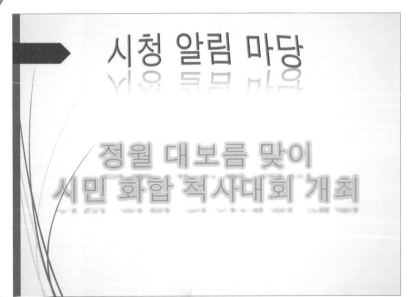

HINT 텍스트 효과에서 반사(전체 반사: 터치), 변환(위로 구부리기), 그림자(원근감: 아래), 네온(8pt, 황록색, 강조색 4)을 각각 지정합니다.

3 빈 화면 슬라이드에 '3D 메탈' 테마를 적용한 후 주어진 도형과 WordArt를 삽입하고, '기초생활.pptx' 파일로 저장하세요.

 HINT [사각형]−[둥근 모서리]/[블록 화살표]−[아래쪽]을 삽입한 후 [화살표: 아래쪽]은 모양을 변경하고 도형 채우기, 도형 윤곽선, 도형 효과를 각각 지정합니다.

4 '기초생활.pptx' 파일에서 WordArt를 다음과 같이 편집하고, 저장하세요.

HINT 텍스트 효과에서 반사(1/2 반사: 터치), 변환(수축) 효과를 지정합니다.

SmartArt 그래픽 활용하기

P·O·W·E·R·P·O·I·N·T·2021

SmartArt 그래픽은 미리 정의된 다양한 갤러리에서 레이아웃, 서식 등을 빠르게 선택할 수 있는 기능으로, 여기에서는 슬라이드에 원하는 SmartArt 그래픽을 삽입한 후 다양하게 편집하는 방법에 대해 알아봅니다.

1 SmartArt 그래픽 삽입하기

1. '도시.pptx' 파일을 열기한 후 [삽입] 탭의 [일러스트레이션] 그룹에서 SmartArt(🗿 SmartArt) 단추를 클릭합니다. [SmartArt 그래픽 선택] 대화 상자에서 '행렬형'에 있는 '주기 행렬형'을 선택하고, [확인] 단추를 클릭합니다.

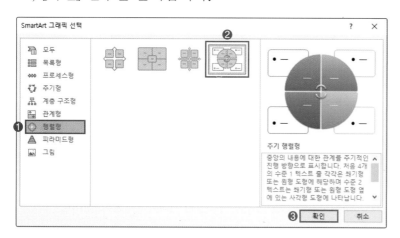

2. SmartArt 그래픽이 나타나면 크기와 위치를 적당히 조절한 후 텍스트 상자에 주어진 내용을 각각 입력합니다. [SmartArt 디자인] 탭의 [그래픽 만들기] 그룹에서 텍스트 창(🔲 텍스트 창) 단추를 클릭한 후 해당 창에서 내용을 입력해도 됩니다.

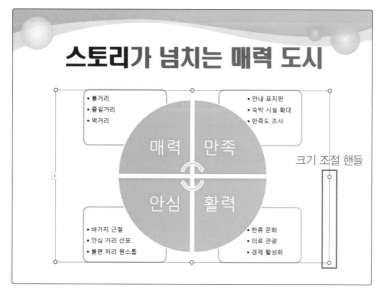

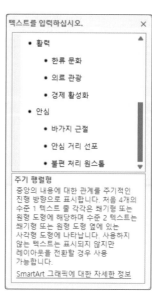

1. [SmartArt 디자인] 탭의 [SmartArt 스타일] 그룹에서 색 변경(색변경) 단추를 클릭하고, 색상형의 '색상형–강조색'을 선택합니다.

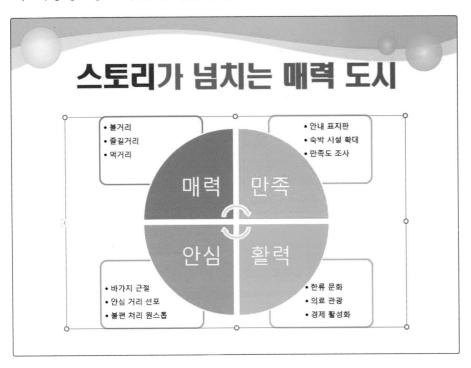

2. 계속해서 [SmartArt 스타일] 그룹에서 빠른 스타일(▼) 단추를 클릭하고, 3차원에 있는 '광택 처리'를 선택합니다. 모든 작업이 완료되면 '도시(완성).pptx' 파일로 저장합니다.

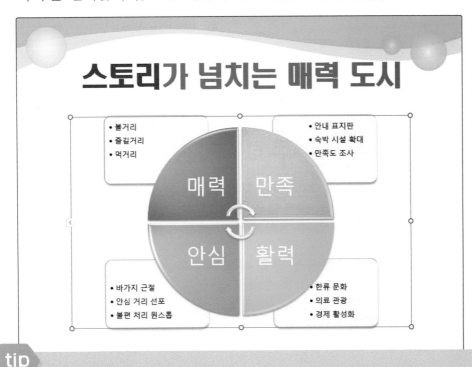

> **tip**
>
> **그래픽 원래대로**
>
> [SmartArt 디자인] 탭의 [원래대로] 그룹에서 그래픽 원래대로(그래픽 원래대로) 단추를 클릭하면 SmartArt 그래픽에 적용된 모든 서식을 취소하고, 원래대로 복구합니다.

혼자 풀어보기

1 제목만 슬라이드에 '이온' 테마를 적용한 후 주어진 SmartArt를 삽입하고, '교통법 규.pptx' 파일로 저장하세요.

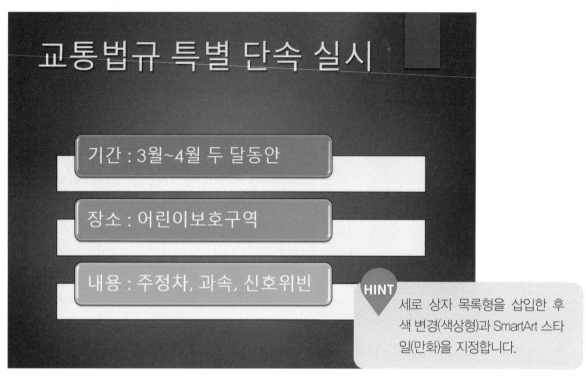

HINT 세로 상자 목록형을 삽입한 후 색 변경(색상형)과 SmartArt 스타일(만화)을 지정합니다.

2 제목만 슬라이드에 '자연주의' 테마를 적용한 후 주어진 SmartArt를 삽입하고, '주택 정보.pptx' 파일로 저장하세요.

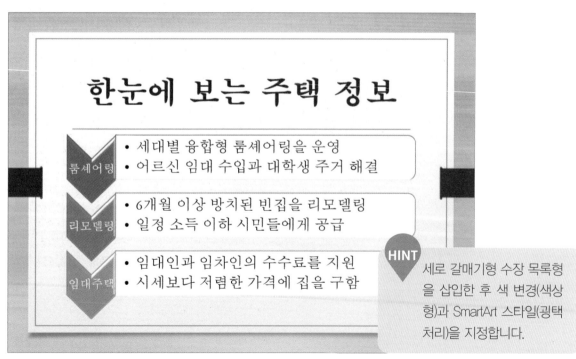

HINT 세로 갈매기형 수장 목록형을 삽입한 후 색 변경(색상형)과 SmartArt 스타일(광택 처리)을 지정합니다.

3 빈 화면 슬라이드에 '슬라이스' 테마를 적용한 후 주어진 WordArt와 SmartArt를 삽입하고, '트렌드.pptx' 파일로 저장하세요.

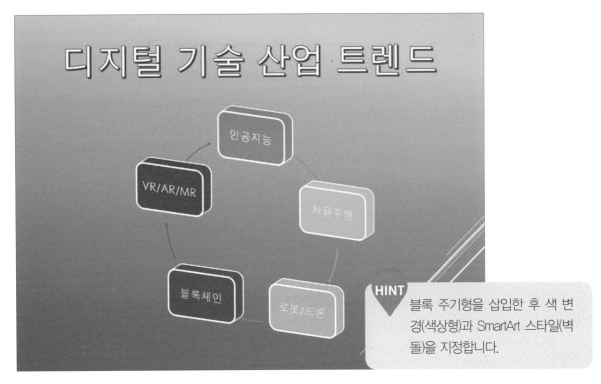

HINT 블록 주기형을 삽입한 후 색 변경(색상형)과 SmartArt 스타일(벽돌)을 지정합니다.

4 빈 화면 슬라이드에 '어린이' 테마를 적용한 후 주어진 WordArt와 SmartArt를 삽입하고, '쓰레기.pptx' 파일로 저장하세요.

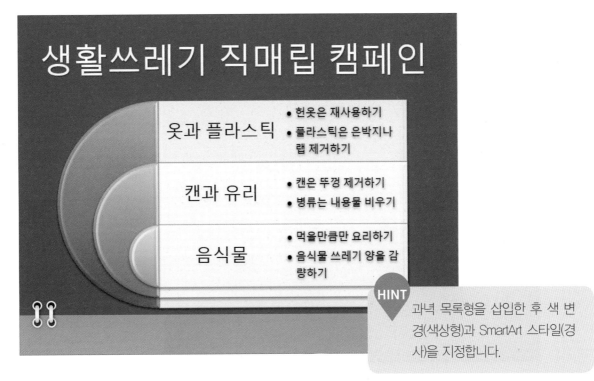

HINT 과녁 목록형을 삽입한 후 색 변경(색상형)과 SmartArt 스타일(경사)을 지정합니다.

아이콘과 그림 삽입하기

아이콘과 그림(온라인 그림)은 가장 기본적인 멀티미디어 요소로, 슬라이드 내용과 관련된 아이콘과 그림을 검색하여 삽입하면 보다 시각적인 프레젠테이션을 만들 수 있습니다. 여기에서는 아이콘과 온라인 그림을 삽입하고, 편집하는 방법에 대해 알아봅니다.

1 아이콘으로 슬라이드 꾸미기

1. '법안.pptx' 파일을 열기한 후 [삽입] 탭의 [일러스트레이션] 그룹에서 아이콘( ) 단추를 클릭합니다. [스톡 이미지] 대화 상자의 [아이콘] 탭에서 '법률'을 검색한 후 원하는 아이콘을 선택하고, [삽입] 단추를 클릭합니다.

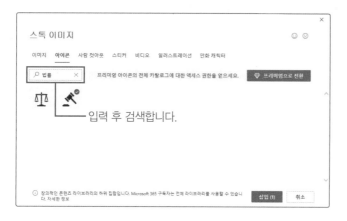

2. 슬라이드에 아이콘이 삽입되면 크기와 위치를 적당히 조절한 후 [그래픽 형식] 탭의 [정렬] 그룹에서 뒤로 보내기( ) 단추를 클릭하고, [맨 뒤로 보내기]를 선택합니다.

3. 계속해서 [그래픽 형식] 탭의 [정렬] 그룹에서 회전( ) 단추를 클릭하고, [좌우 대칭]을 선택합니다.

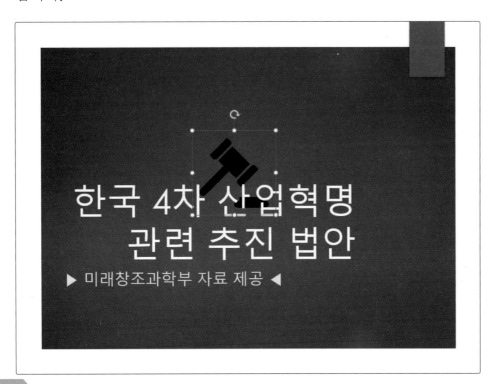

tip

[회전] 단추

[회전] 단추를 클릭하면 슬라이드에 삽입된 모든 개체를 오른쪽으로/왼쪽으로 90도 회전하거나 상하/좌우 대칭시킬 수 있습니다.

4. 마지막으로 [그래픽 형식] 탭의 [그래픽 스타일] 그룹에서 그래픽 효과(그래픽 효과) 단추를 클릭하고, [반사]-[반사 변형]-[1/2 반사: 터치]를 선택합니다.

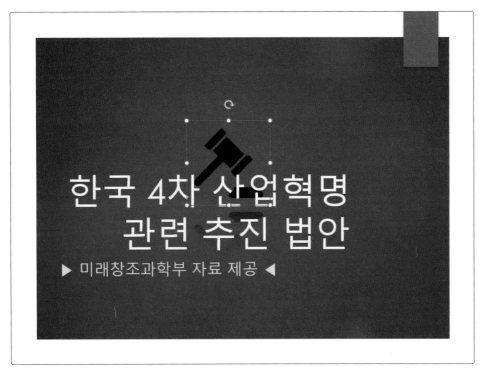

2 온라인 그림으로 슬라이드 꾸미기

1. 슬라이드 2로 이동한 후 [삽입] 탭의 [이미지] 그룹에서 그림( ) 단추를 클릭하고, [온라인 그림]을 선택합니다.

2. [온라인 그림] 대화 상자의 Bing 검색란에 '반도체'를 입력하여 검색한 후, 원하는 그림을 선택하고 [삽입] 단추를 클릭합니다.

3. 슬라이드에 온라인 그림이 삽입되면 크기 조절 핸들을 이용하여 크기를 적당히 조절한 후, 그림을 해당 위치로 드래그하여 이동합니다. 이때, 라이선스의 텍스트 상자는 Delete 키로 삭제합니다.

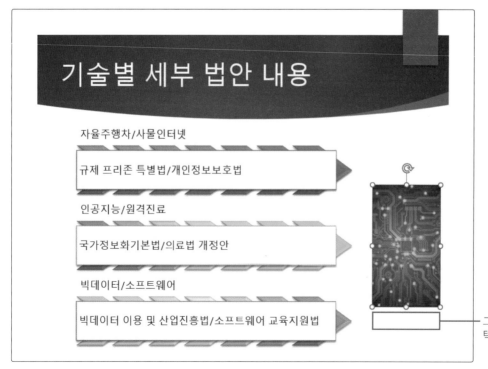

그림 밑에 라이선스를 설명하는 텍스트 상자는 삭제합니다.

4. [그림 서식] 탭의 [그림 스타일] 그룹에서 그림 효과(⚙ 그림 효과ˇ) 단추를 클릭하고, [네온]−[네온 변형]−[네온: 18pt, 주황, 강조색 4]를 선택합니다.

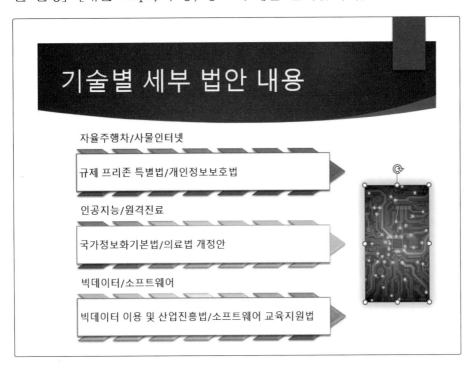

5. [그림 서식] 탭의 [조정] 그룹에서 꾸밈 효과(📇) 단추를 클릭하고, '확산 네온'을 선택합니다. 모든 작업이 완료되면 '법안(완성).pptx' 파일로 저장합니다.

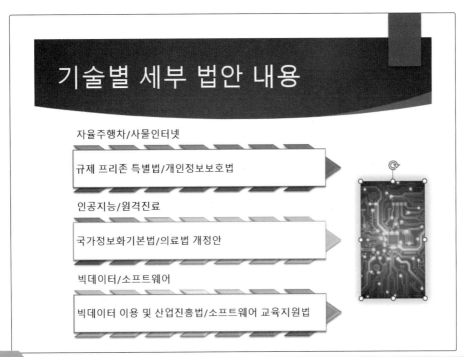

tip

[조정] 그룹

- **[수정] 단추** : 그림의 밝기, 대비, 선명도를 높입니다.
- **[색] 단추** : 그림의 품질을 향상시키거나 문서 내용에 맞추기 위해 그림 색을 변경합니다.
- **[꾸밈 효과] 단추** : 그림에 다양한 꾸밈 효과를 추가하여 스케치 또는 회화처럼 보이도록 만듭니다.
- **[투명도] 단추** : 그림 뒤의 항목이 표시되도록 그림의 투명도를 조절합니다.

혼자 풀어보기

① 제목 슬라이드에 '베를린' 테마를 적용한 후, 주어진 내용과 아이콘을 삽입하고 '안심귀가.pptx' 파일로 저장하세요.

HINT [스톡 이미지] 대화 상자의 [아이콘] 탭에서 '여성'을 검색하여 삽입한 후, 그래픽 효과(네온)를 지정합니다.

② 콘텐츠 2개 슬라이드에 '메모' 테마를 적용한 후, 주어진 내용과 아이콘을 삽입하고 '창업.pptx' 파일로 저장하세요.

상반기 창업 아이디어 공모전

□ 모집 대상 및 기간
  ▫ 사회적 영역의 창업 아이템을 가진 개인
  ▫ 2024. 3. 4(월)~4. 3(수)
□ 지원 내용
  ▫ 허브센터 입주 가능
  ▫ 창업 지원 교육
  ▫ 창업 전문가 컨설팅

□ 접수 방법 및 문의
  ▫ 방문 또는 이메일
  ▫ 사회적경제지원단
  ▫ 업무 시간 내 전화
□ 심사 기준
  ▫ 사업 의지(마인드)
  ▫ 실현 가능성
  ▫ 아이디어의 참신성

HINT [스톡 이미지] 대화 상자의 [아이콘] 탭에서 '아이디어'를 검색하여 삽입한 후, 그래픽 효과(그림자)를 지정합니다.

3 제목만 슬라이드에 '슬레이트' 테마를 적용한 후, SmartArt와 온라인 그림을 삽입하고 '청소년.pptx' 파일로 저장하세요.

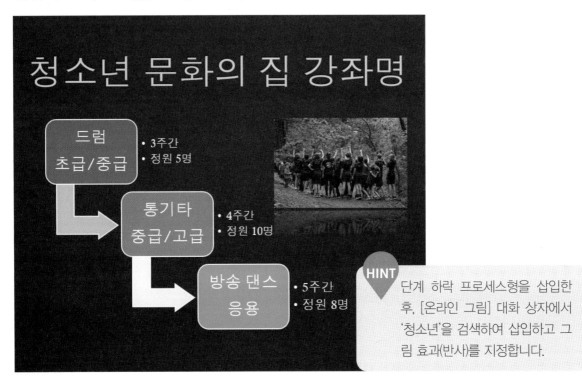

> **HINT** 단계 하락 프로세스형을 삽입한 후, [온라인 그림] 대화 상자에서 '청소년'을 검색하여 삽입하고 그림 효과(반사)를 지정합니다.

4 제목만 슬라이드에 '분할' 테마를 적용한 후, SmartArt와 온라인 그림을 삽입하고 '고민상담.pptx' 파일로 저장하세요.

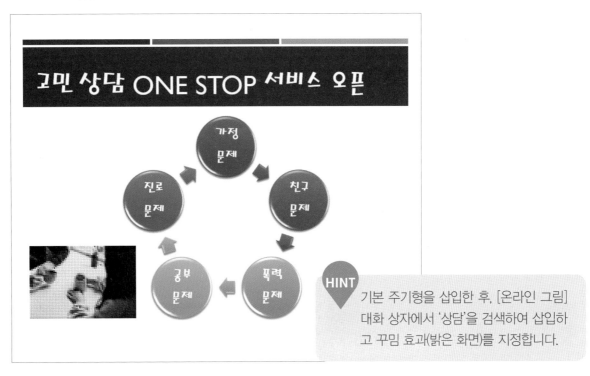

> **HINT** 기본 주기형을 삽입한 후, [온라인 그림] 대화 상자에서 '상담'을 검색하여 삽입하고 꾸밈 효과(밝은 화면)를 지정합니다.

표 작성 및 편집하기

표는 슬라이드 내용을 일목요연하게 정리하고자 할 때 많이 사용하는 기능입니다. 여기에서는 표를 슬라이드에 삽입하고, 디자인과 레이아웃 기능을 이용하여 다양한 형태의 표를 편집 및 응용하는 방법에 대해 알아봅니다.

1 표 삽입하기

1. 제목 및 내용 슬라이드에 '심플' 테마를 적용한 후 주어진 제목을 입력합니다. 표를 작성하기 위해 표 삽입(⊞) 아이콘을 클릭한 후 [표 삽입] 대화 상자에서 열 개수와 행 개수를 입력하고, [확인] 단추를 클릭합니다.

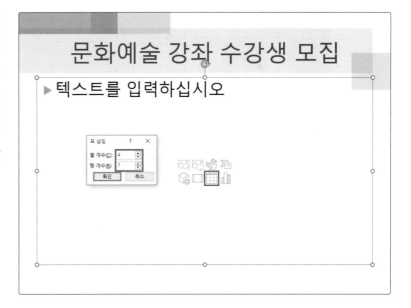

2. 슬라이드에 표가 나타나면 각 셀에 주어진 내용을 각각 입력합니다.

tip

또다른 표 작성 방법 : [삽입] 탭의 [표] 그룹에서 표(⊞) 단추를 클릭하고, 마우스를 드래그하여 표의 열과 행 수를 지정해도 됩니다.

1. 표의 네 번째 행에 커서를 위치시킨 후, [레이아웃] 탭의 [행 및 열] 그룹에서 아래에 삽입(🔲 아래에 삽입) 단추를 차례로 두 번 클릭하고, 행이 삽입되면 주어진 내용을 입력합니다.

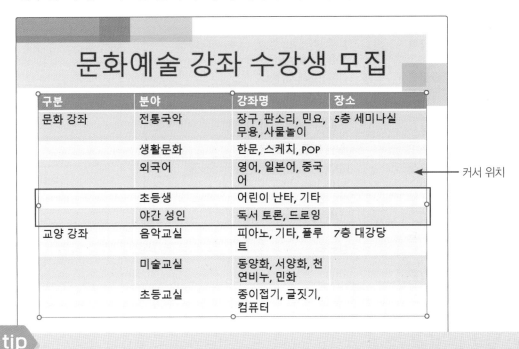

← 커서 위치

tip
표의 구성 : 표를 구성하는 각각의 사각형을 '셀'이라고 하고, 표는 가로(행)와 세로(열)로 구성됩니다.

2. 표에서 해당 부분을 마우스로 드래그하여 블록 지정한 후, [레이아웃] 탭의 [병합] 그룹에서 셀 병합(🔲 셀 병합) 단추를 클릭하여 하나로 합칩니다.

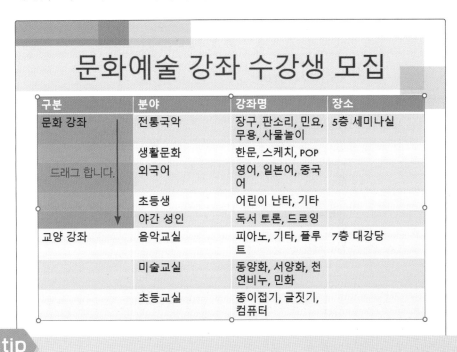

tip
셀 병합 및 셀 분할 : 셀 병합은 선택한 셀을 하나의 셀로 병합하고, 셀 분할은 선택한 셀을 여러 개의 셀로 나눕니다.

3. 셀이 하나로 합쳐지면 동일한 방법으로 나머지 세 부분도 각각 셀 병합을 합니다.

문화예술 강좌 수강생 모집

구분	분야	강좌명	장소
문화 강좌	전통국악	장구, 판소리, 민요, 무용, 사물놀이	5층 세미나실
	생활문화	한문, 스케치, POP	
	외국어	영어, 일본어, 중국어	
	초등생	어린이 난타, 기타	
	야간 성인	독서 토론, 드로잉	
교양 강좌	음악교실	피아노, 기타, 플루트	7층 대강당
	미술교실	동양화, 서양화, 천연비누, 민화	
	초등교실	종이접기, 글짓기, 컴퓨터	

4. 1열과 4열의 경계선으로 마우스를 가져가서 마우스 포인터가 ‖ 모양으로 변경되면 마우스를 적당히 드래그하여 열 너비를 각각 조절합니다.

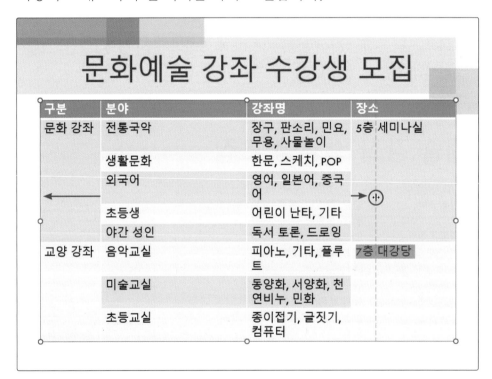

---

tip 열 삽입

삽입하려는 열에 커서를 위치시킨 후, [레이아웃] 탭의 [행 및 열] 그룹에서 [왼쪽에 삽입] / [오른쪽에 삽입] 단추를 클릭하면 커서가 위치한 열의 바로 왼쪽에/오른쪽에 새로운 열이 삽입됩니다.

5. '분야' 열을 블록 지정한 후 [레이아웃] 탭의 [병합] 그룹에서 셀 분할(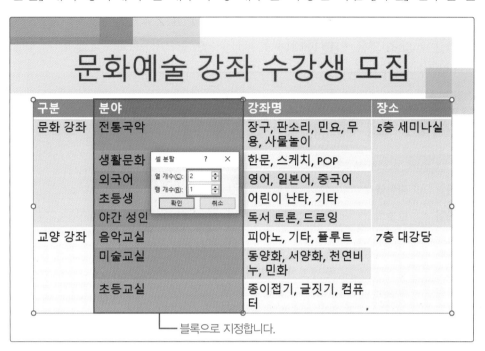) 단추를 클릭하고, [셀 분할] 대화 상자에서 열 개수와 행 개수를 지정한 다음 [확인] 단추를 클릭합니다.

6. 해당 열이 분할되면 주어진 내용을 각각 입력한 후, '강사명' 열의 너비를 적당히 조절합니다.

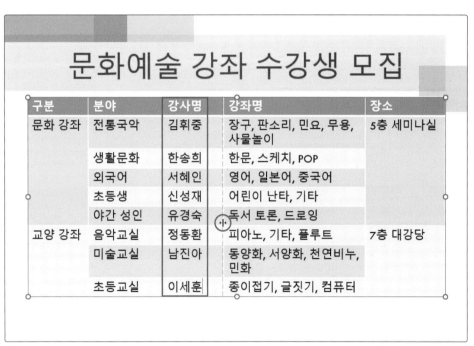

7. 표 테두리를 클릭하여 표 전체를 선택한 후, [레이아웃] 탭의 [맞춤] 그룹에서 가운데 맞춤(≡) 단추와 세로 가운데 맞춤(▤) 단추를 각각 클릭합니다.

1. 표를 선택한 후 [테이블 디자인] 탭의 [표 스타일] 그룹에서 표 스타일(▽) 단추를 클릭하고, 중간의 '보통 스타일 2 – 강조 3'을 선택합니다.

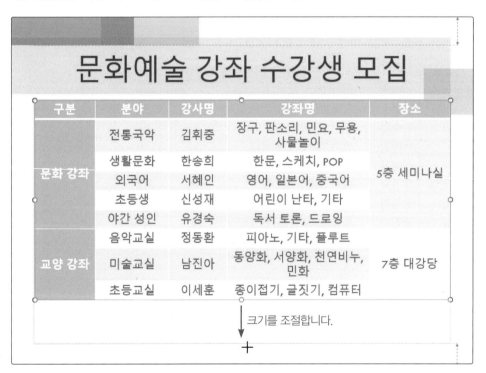

2. 계속해서 [테이블 디자인] 탭의 [표 스타일 옵션] 그룹에서 '첫째 열'을 선택한 후, 표의 크기 조절 핸들을 이용하여 세로 크기를 조절합니다.

tip

표 스타일 옵션
- **머리글 행** : 표의 첫 행 서식을 특별하게 지정합니다.
- **요약 행** : 표의 마지막 행에 특수 서식을 표시합니다.

3. 표의 해당 부분을 블록 지정한 후, [테이블 디자인] 탭의 [표 스타일] 그룹에서 테두리(⊞ 테두리 ▾) 단추를 클릭하고 [안쪽 테두리]를 선택합니다.

문화예술 강좌 수강생 모집

구분	분야	강사명	강좌명	장소
문화 강좌	전통국악	김휘중	장구, 판소리, 민요, 무용, 사물놀이	5층 세미나실
	생활문화	한송희	한문, 스케치, POP	
	외국어	서혜인	영어, 일본어, 중국어	
	초등생	신성재	어린이 난타, 기타	
	야간 성인	유경숙	독서 토론, 드로잉	
교양 강좌	음악교실	정동환	피아노, 기타, 플루트	7층 대강당
	미술교실	남진아	동양화, 서양화, 천연비누, 민화	
	초등교실	이세훈	종이접기, 글짓기, 컴퓨터	

tip

[테두리 그리기] 그룹
- **펜 스타일/펜 두께** : 테두리를 그릴 때 사용되는 선의 스타일/선의 두께를 변경합니다.
- **펜 색** : 새 테두리의 색상을 변경합니다.
- **표 그리기** : 셀, 행, 열 테두리를 그리거나 셀 내에 대각선을 그릴 수 있습니다.
- **지우개** : 표에서 특정 테두리를 제거합니다.

4. 다시 표 전체를 선택한 후 [테이블 디자인] 탭의 [표 스타일] 그룹에서 효과(◨ 효과 ▾) 단추를 클릭하고, [그림자]–[바깥쪽]–[오프셋: 오른쪽 아래]를 선택합니다. 모든 작업이 완료되면 '문화예술.pptx' 파일로 저장합니다.

문화예술 강좌 수강생 모집

구분	분야	강사명	강좌명	장소
문화 강좌	전통국악	김휘중	장구, 판소리, 민요, 무용, 사물놀이	5층 세미나실
	생활문화	한송희	한문, 스케치, POP	
	외국어	서혜인	영어, 일본어, 중국어	
	초등생	신성재	어린이 난타, 기타	
	야간 성인	유경숙	독서 토론, 드로잉	
교양 강좌	음악교실	정동환	피아노, 기타, 플루트	7층 대강당
	미술교실	남진아	동양화, 서양화, 천연비누, 민화	
	초등교실	이세훈	종이접기, 글짓기, 컴퓨터	

혼자 풀어보기

① 제목 및 내용 슬라이드에 '발전' 테마를 적용한 후, 주어진 표를 작성하고 '나눔.pptx' 파일로 저장하세요.

나눔 활동 참여자 모집

활동명	참여자	참여 일정		참여 내용
		요일	시간	
백미 배달	대학생	매주 월	희망 시간	불우이웃 백미 배달
경로 식당	직장인	월~금	11:30~13:00	경로당 무료 급식 및 배식
도시락 배달	고등학생	매주 금	10:00~12:00	독거노인 도시락 배달
장애아동 길안내	주민	주 1회	희망 시간	목적지 동행
음악 치료	음대생	매주 화	15:00~17:00	악기 교육 및 연주
무료 급식	일반인	월~금	12:00~13:00	조리 및 배식
비고				

HINT 표의 해당 부분은 셀 병합을 한 후, 열 너비와 표 크기를 적당히 조절하고 가운데 맞춤/세로 가운데 맞춤을 지정합니다.

② '나눔.pptx' 파일에서 표를 다음과 같이 편집하고 저장하세요.

나눔 활동 참여자 모집

활동명	참여자	참여 일정		참여 내용
		요일	시간	
백미 배달	대학생	매주 월	희망 시간	불우이웃 백미 배달
경로 식당	직장인	월~금	11:30~13:00	경로당 무료 급식 및 배식
도시락 배달	고등학생	매주 금	10:00~12:00	독거노인 도시락 배달
장애아동 길안내	주민	주 1회	희망 시간	목적지 동행
음악 치료	음대생	매주 화	15:00~17:00	악기 교육 및 연주
무료 급식	일반인	월~금	12:00~13:00	조리 및 배식
비고				

HINT 표 스타일 옵션(요약 행), 표 스타일(밝은 스타일 3 – 강조 2), 효과(셀 입체 효과 – 둥글게)를 지정합니다.

제목 및 내용 슬라이드에 '기본' 테마를 적용한 후, 주어진 표를 작성하고 '이용자.pptx' 파일로 저장하세요.

7월 프로그램 이용자 모집

수업명		요일	시간	정원	대상	장소
축구 강습		상담 후 결정 (주말 가능)		초등부/중등부		인조 잔디구장
헬스 일반		평일, 주말	06:00~22:00	30명	성인, 학생	헬스장
노래 교실		수	10:30~12:00	20명	성인 남녀	2층 공연장
무용 교실		금		10명		
배드민턴	오전반	화/목/토	06:00~12:00	10명	성인 남녀	배드민턴장
	오후반		14:00~21:00			
	대학생	수/금	16:00~20:00	15명	대학생	
	일일입장	월~금	매시	20명(제한)	누구나	

 '이용자.pptx' 파일에서 표를 다음과 같이 편집하고 저장하세요.

7월 프로그램 이용자 모집

수업명		요일	시간	정원	대상	장소
축구 강습		상담 후 결정 (주말 가능)		초등부/중등부		인조 잔디구장
헬스 일반		평일, 주말	06:00~22:00	30명	성인, 학생	헬스장
노래 교실		수	10:30~12:00	20명	성인 남녀	2층 공연장
무용 교실		금		10명		
배드민턴	오전반	화/목/토	06:00~12:00	10명	성인 남녀	배드민턴장
	오후반		14:00~21:00			
	대학생	수/금	16:00~20:00	15명	대학생	
	일일입장	월~금	매시	20명(제한)	누구나	

HINT 표 스타일 옵션(마지막 열), 표 스타일(보통 스타일 2 – 강조 2), 효과(셀 입체 효과 – 각지게, 그림자 – 오프셋: 아래쪽)를 지정합니다.

차트 작성 및 편집하기

P·O·W·E·R·P·O·I·N·T·2021

차트는 수치 데이터를 막대, 선, 도형 등을 이용하여 시각적으로 표현한 것으로, 숫자로 구성된 데이터를 비교, 분석, 예측할 수 있습니다. 여기에서는 차트를 슬라이드에 삽입한 후, 다양한 서식과 디자인 기능을 이용하여 원하는 차트를 편집하고 변형하는 방법에 대해 알아봅니다.

1 차트 삽입하기

1. 제목 및 내용 슬라이드에 '교육' 테마를 적용한 후, 제목(공예품 구매 선호도)을 입력합니다. 차트를 작성하기 위해 차트 삽입(📊) 아이콘을 클릭한 후, [차트 삽입] 대화 상자의 [모든 차트] 탭에서 세로 막대형의 '묶은 세로 막대형'을 선택하고 [확인] 단추를 클릭합니다.

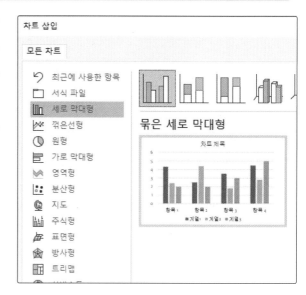

tip
차트 삽입 : [삽입] 탭의 [일러스트레이션] 그룹에서 차트(📊) 단추를 클릭해도 차트를 작성할 수 있습니다.

2. Microsoft PowerPoint의 차트 창이 나타나면 주어진 내용을 입력하고, 화면 오른쪽 상단의 닫기() 단추를 클릭합니다.

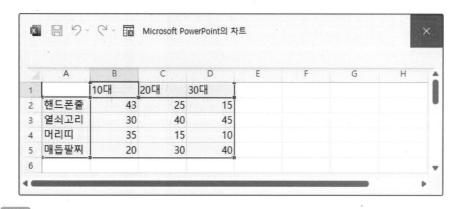

tip
데이터 범위
데이터 내용이 적은 경우에는 데이터 범위의 오른쪽 아래 모서리를 데이터가 입력된 곳까지 드래그하여 크기를 조절합니다.

3. 슬라이드에 차트가 삽입되면 크기 조절 핸들을 이용하여 차트 크기를 적당히 조절합니다.

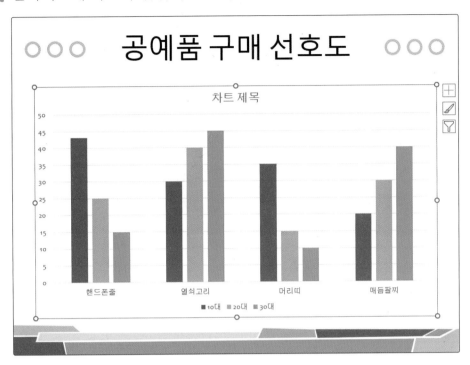

tip

데이터 편집

[차트 디자인] 탭의 [데이터] 그룹에서 데이터 편집() 단추를 클릭하면 차트의 원본 데이터가 나타납니다. 여기에서 데이터를 수정하면 차트에 바로 적용됩니다.

2 차트 편집하기

1. 차트 제목을 입력한 후, [차트 디자인] 탭의 [차트 스타일] 그룹에서 색 변경(^{색 변경}) 단추를 클릭하고 '다양한 색상표 3'을 선택합니다.

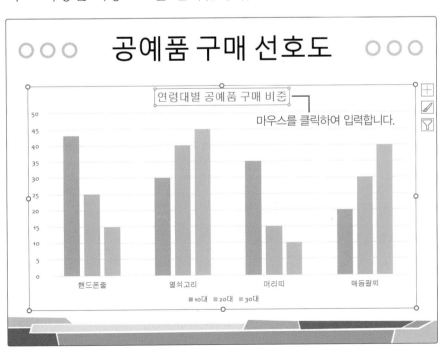

2. [차트 디자인] 탭의 [차트 레이아웃] 그룹에서 차트 요소 추가( ) 단추를 클릭하고, [축 제목]-[기본 세로]를 선택한 후 축 제목이 나타나면 '단위 : %'를 입력합니다.

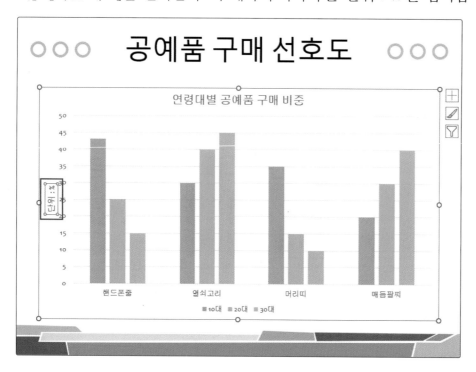

3. 차트의 세로 (값) 축에서 마우스 오른쪽 버튼을 클릭하고, [축 서식]을 선택합니다. 축 서식 작업 창의 축 옵션에서 단위의 기본을 '10'으로 변경한 후, '값을 거꾸로'를 선택하고 오른쪽 상단의 닫기(×) 단추를 클릭합니다.

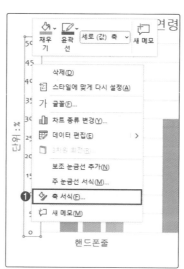
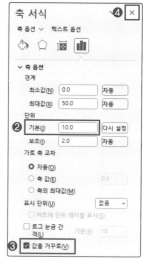

4. 차트 종류를 변경하기 위하여 [차트 디자인] 탭의 [종류] 그룹에서 차트 종류 변경(![차트종류변경]) 단추를 클릭한 후, [차트 종류 변경] 대화 상자에서 '누적 세로 막대형'을 선택하고 [확인] 단추를 클릭합니다.

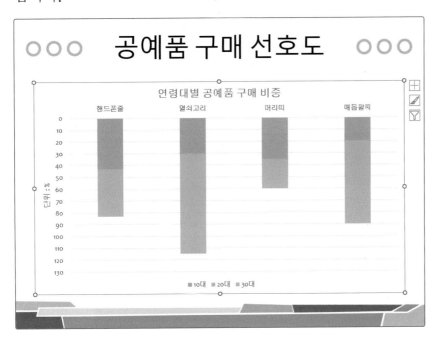

5. 마지막으로 차트에서 그림 영역을 선택한 후, [서식] 탭의 [도형 스타일] 그룹에서 도형 채우기
(![도형 채우기]) 단추를 클릭하고 임의의 색을 선택합니다. 모든 작업이 완료되면 '공예품.pptx' 파일로 저장합니다.

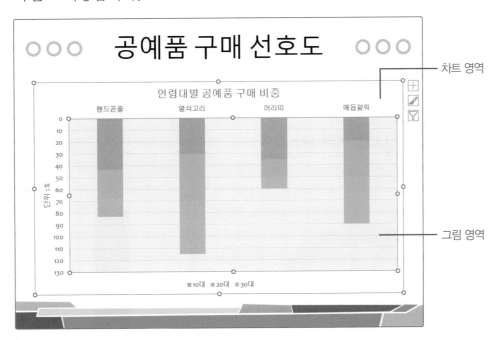

> **tip**
>
> **차트 영역과 그림 영역**
> - **차트 영역** : 차트의 전체 영역으로 차트의 모든 항목이 표시됩니다.
> - **그림 영역** : X축과 Y축으로 구성된 영역으로 데이터 계열이 표시됩니다.

1 제목 및 내용 슬라이드에 '어린이' 테마를 적용한 후, 주어진 차트를 작성하고 '독서량.pptx' 파일로 저장하세요.

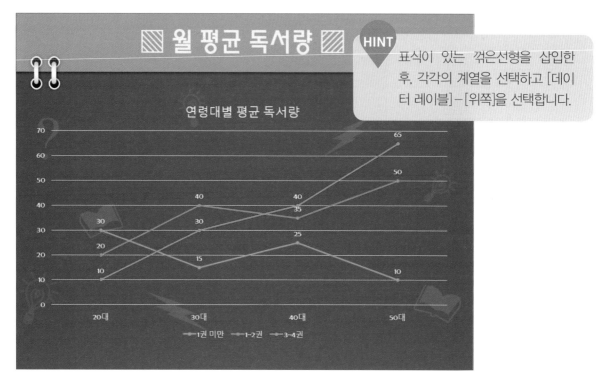

HINT
표식이 있는 꺾은선형을 삽입한 후, 각각의 계열을 선택하고 [데이터 레이블]-[위쪽]을 선택합니다.

2 제목 및 내용 슬라이드에 '보기' 테마를 적용한 후, 주어진 차트를 작성하고 '이주민.pptx' 파일로 저장하세요.

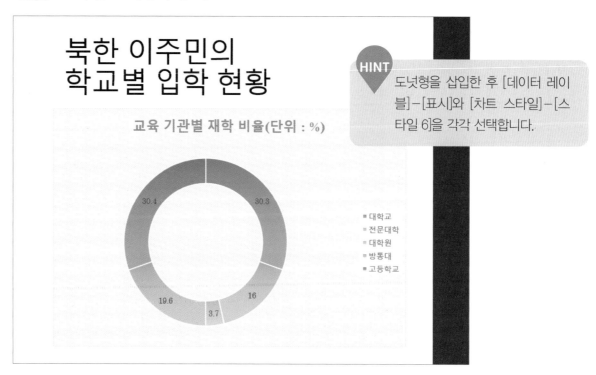

HINT
도넛형을 삽입한 후 [데이터 레이블]-[표시]와 [차트 스타일]-[스타일 6]을 각각 선택합니다.

③ 제목 및 내용 슬라이드에 '깊이' 테마를 적용한 후, 주어진 차트를 작성하고 '밀도.pptx' 파일로 저장하세요.

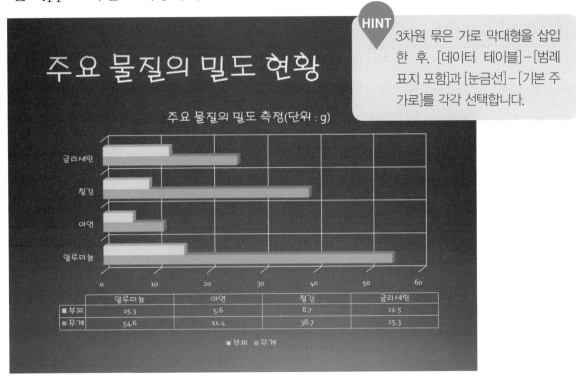

HINT 3차원 묶은 가로 막대형을 삽입한 후, [데이터 테이블]-[범례 표지 포함]과 [눈금선]-[기본 주 가로]를 각각 선택합니다.

④ 제목 및 내용 슬라이드에 '우주' 테마를 적용한 후, 주어진 차트를 작성하고 '운동.pptx' 파일로 저장하세요.

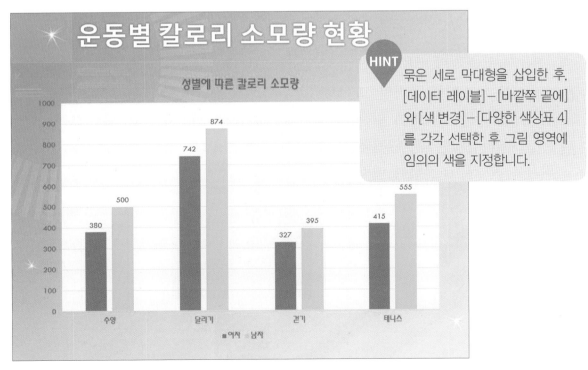

HINT 묶은 세로 막대형을 삽입한 후, [데이터 레이블]-[바깥쪽 끝에] 와 [색 변경]-[다양한 색상표 4] 를 각각 선택한 후 그림 영역에 임의의 색을 지정합니다.

슬라이드 마스터 디자인하기

슬라이드 마스터는 여러 슬라이드에 동일한 서식과 배경 등을 일괄적으로 적용할 수 있는 기능입니다. 여기에서는 슬라이드 마스터의 몇 가지 적용 방법에 대해 알아봅니다.

1 슬라이드 마스터 디자인

1. '건강.pptx' 파일을 열기한 후 [보기] 탭의 [마스터 보기] 그룹에서 슬라이드 마스터() 단추를 클릭합니다. 슬라이드 마스터 화면이 나타나면 하단에 있는 '바닥글'을 선택하고, Delete 키를 눌러 삭제합니다.

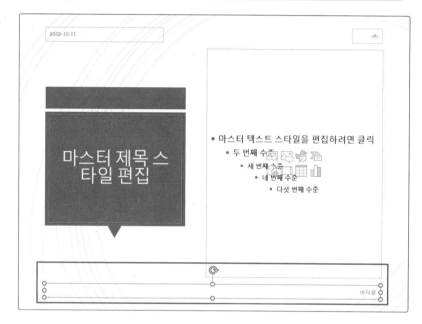

2. 슬라이드 마스터에 온라인 그림 중 '걷기'를 검색하여 원하는 그림을 삽입한 후, 크기와 위치를 적당히 조절하여 배치합니다.

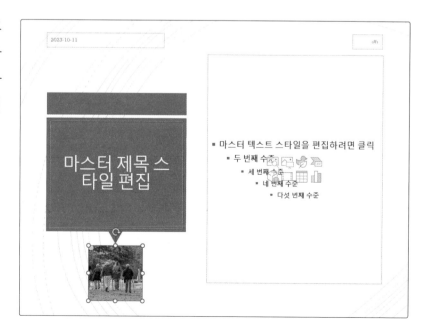

1. 슬라이드 번호를 삽입하기 위하여 [삽입] 탭의 [텍스트] 그룹에서 머리글/바닥글(📄) 단추를 클릭합니다. [머리글/바닥글] 대화 상자의 [슬라이드] 탭에서 '슬라이드 번호'만을 선택하고, [모두 적용] 단추를 클릭합니다.

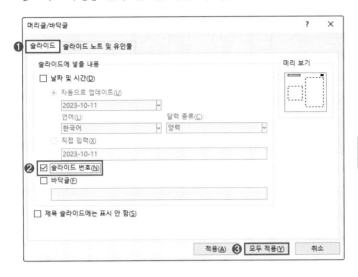

tip
제목 슬라이드에는 표시 안 함
첫 번째 슬라이드(슬라이드 1)를 제외하고, 나머지 슬라이드에만 슬라이드 번호를 삽입합니다.

2. [슬라이드 마스터] 탭의 [닫기] 그룹에서 마스터 보기 닫기(⊠) 단추를 클릭하면 모든 슬라이드에 동일한 슬라이드 마스터(온라인 그림, 슬라이드 번호)가 적용된 것을 확인할 수 있습니다. 모든 작업이 완료되면 '건강(완성).pptx' 파일로 저장합니다.

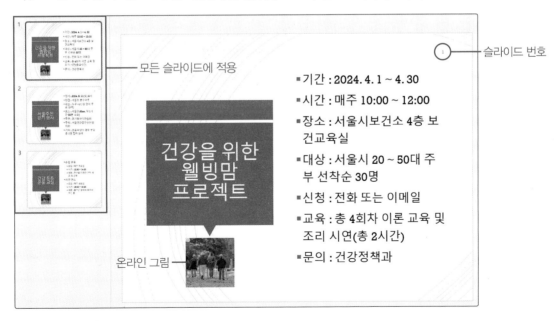

tip
[마스터 레이아웃] 그룹
- **마스터 레이아웃** : 슬라이드 마스터에 포함할 요소를 선택합니다.
- **개체 틀 삽입** : 모든 종류의 내용을 포함할 수 있는 레이아웃에 개체 틀을 삽입합니다.
- **제목/바닥글** : 제목/바닥글 개체 틀을 표시하거나 숨깁니다.

① '건강음식.pptx' 파일을 열기한 후, 슬라이드 마스터 화면에서 '바닥글'을 제거하세요.

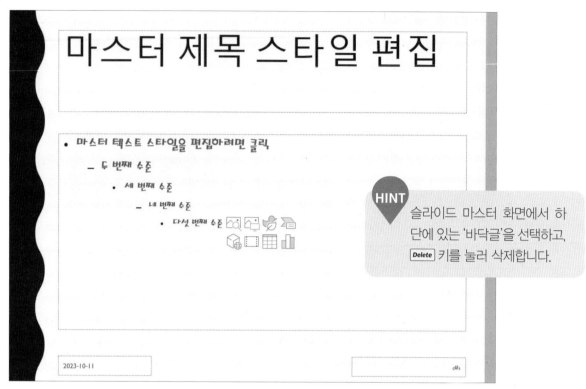

HINT 슬라이드 마스터 화면에서 하단에 있는 '바닥글'을 선택하고, Delete 키를 눌러 삭제합니다.

② 슬라이드 마스터 화면에서 온라인 그림으로 '채소'를 검색한 후, 해당 그림을 슬라이드 오른쪽 하단에 삽입하세요.

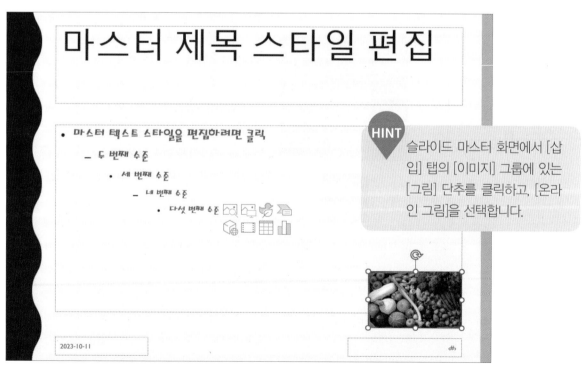

HINT 슬라이드 마스터 화면에서 [삽입] 탭의 [이미지] 그룹에 있는 [그림] 단추를 클릭하고, [온라인 그림]을 선택합니다.

③ 슬라이드 마스터 화면에서 '날짜 및 시간'과 '슬라이드 번호'만 모든 슬라이드에 나타나도록 적용하세요.

④ 슬라이드 마스터 화면을 닫기한 후, 모든 슬라이드에 슬라이드 마스터가 적용된 것을 확인하고 '건강음식(완성).pptx' 파일로 저장하세요.

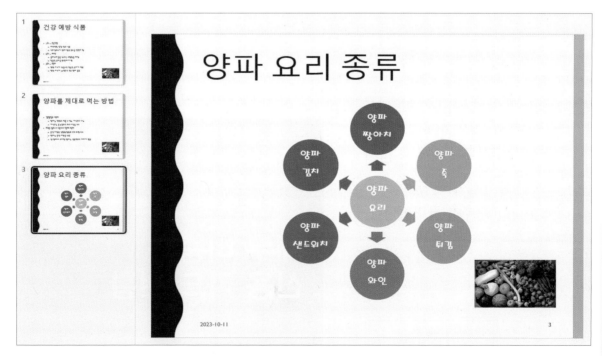

화면 전환 효과 적용하기

화면 전환 효과는 청중들이 프레젠테이션에 집중할 수 있도록 현재 슬라이드에서 다른 슬라이드로 화면이 전환될 때 전체 화면에 애니메이션을 적용하는 기능입니다. 여기에서는 전체 슬라이드에 화면 전환 효과를 지정하는 방법에 대해 알아봅니다.

1 화면 전환 효과 설정하기

1. '채무.pptx' 파일을 열기한 후 [전환] 탭의 [슬라이드 화면 전환] 그룹에서 화면 전환 효과 (▼) 단추를 클릭하고, 화려한 효과의 '흩어 뿌리기'를 선택합니다.

tip
효과 옵션 : [전환] 탭의 [슬라이드 화면 전환] 그룹에서 [효과 옵션] 단추를 클릭하면 선택한 전환의 변형(방향 같은 전환 효과의 속성)을 변경할 수 있습니다.

2. [전환] 탭의 [타이밍] 그룹에서 소리는 '요술봉', 기간은 '03:00초'로 지정하고, 모든 슬라이드에 적용하기 위해 모두 적용 (◻ 모두 적용) 단추를 클릭합니다.

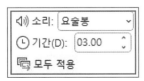

1. 첫 번째 슬라이드에서 [전환] 탭의 [타이밍] 그룹에 있는 '다음 시간 후'를 선택한 후, 시간을 '20 초'로 설정합니다. 그 결과 슬라이드 쇼에서 20초가 지났을 때 마우스를 클릭하지 않아도 다음 슬라이드로 자동 전환됩니다.

2. 이번에는 슬라이드 2와 슬라이드 3을 동시에 선택한 후, [타이밍] 그룹에서 '다음 시간 후'를 선택하고 시간을 '1분'으로 설정합니다. 모든 작업이 완료되면 '채무(완성).pptx' 파일로 저장합니다.

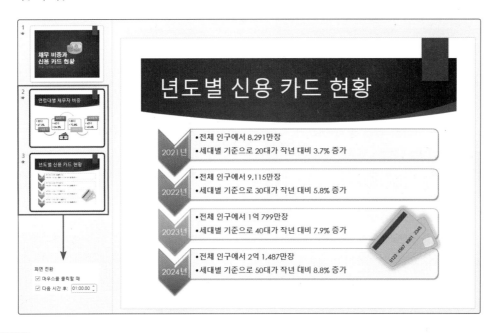

tip

미리 보기

[전환] 탭의 [미리 보기] 그룹에서 미리 보기( ) 단추를 클릭하면 현재 슬라이드에 설정된 화면 전환 효과를 미리 확인할 수 있습니다.

① '정보보호.pptx' 파일을 열기한 후, 슬라이드 1에는 화면 전환 효과로 '반짝이기'와 '바람' 소리를 적용하세요.

② 슬라이드 2에는 화면 전환 효과로 '소용돌이 – 오른쪽에서'를 지정하고, '박수' 소리를 적용하세요.

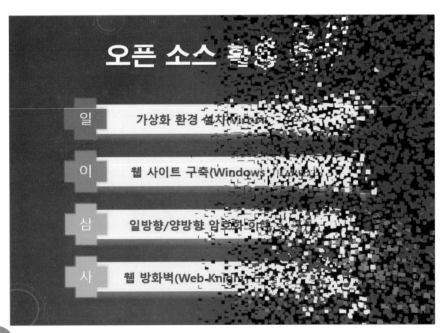

HINT [전환] 탭의 [슬라이드 화면 전환] 그룹에서 '소용돌이'를 지정한 후, [효과 옵션] 단추를 클릭하고 [오른쪽에서]를 선택합니다.

③ 슬라이드 3에는 화면 전환 효과로 '시계 – V자형'을 지정하고, '레이저' 소리를 적용하세요.

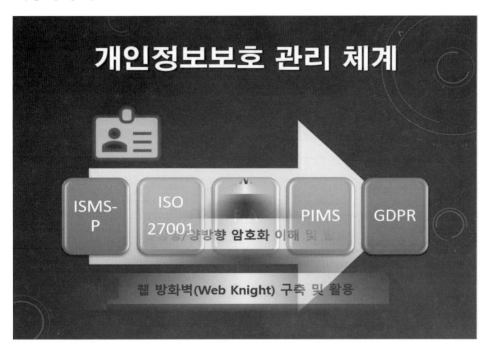

④ 각 슬라이드마다 화면 전환의 다음 시간을 '5초', '10초', '15초'로 각각 지정하고, '정보보호(완성).pptx' 파일로 저장하세요.

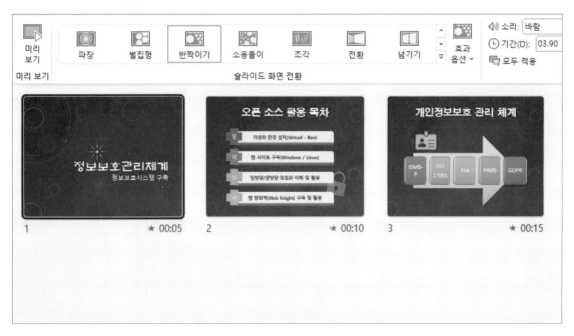

애니메이션 효과 활용하기

애니메이션은 다양한 요소에 움직임과 소리 등의 효과를 적용하여 슬라이드를 보다 생동감 있게 만드는 기능으로, 각 개체에 원하는 애니메이션을 지정할 수 있습니다. 여기에서는 일반 적인 애니메이션과 고급 애니메이션을 적용하는 방법에 대해 알아봅니다.

1 일반 애니메이션 적용하기

1. '노인.pptx' 파일을 열기한 후 슬라이드 제목을 선택하고, [애니메이션] 탭의 [애니메이션] 그룹에서 애니메이션 스타일(▾) 단추를 클릭하여 [나타내기]–[나누기]를 선택합니다.

> **tip**
>
> **애니메이션 표시 :** 슬라이드에 애니메이션을 적용하면 슬라이드 탭에는 애니메이션 표시(★)가 나타납니다.

2. 계속해서 [애니메이션] 탭의 [애니메이션] 그룹에서 효과 옵션(✦) 단추를 클릭하고, [방향 – 가로 바깥쪽으로]를 선택합니다.

> **tip**
>
> [효과 옵션] 단추 : [효과 옵션] 단추는 선택한 애니메이션 스타일에 따라 모양이 다르게 나타납니다.

3. 이번에는 [애니메이션] 탭의 [타이밍] 그룹에서 시작은 '클릭할 때', 재생 시간은 '3초'를 각각 지정합니다.

> **tip**
>
> **시작과 재생 시간**
> - **시작** : 애니메이션의 재생 시작 시점(클릭할 때, 이전 효과와 함께, 이전 효과 다음에)을 선택합니다.
> - **재생 시간** : 애니메이션의 길이(시간)를 지정합니다.

4. 제목 애니메이션 효과를 확인하기 위하여 [애니메이션] 탭의 [미리 보기] 그룹에서 미리 보기 (미리 보기) 단추를 클릭합니다.

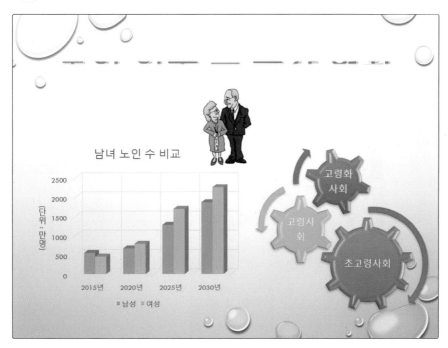

2 고급 애니메이션 적용하기

1. 슬라이드에서 차트를 선택한 후, [애니메이션] 탭의 [고급 애니메이션] 그룹에서 애니메이션 추가(애니메이션 추가) 단추를 클릭하고 [추가 나타내기 효과]를 선택합니다. [나타내기 효과 추가] 대화 상자에서 화려한 효과의 '휘어 올라오기'를 선택하고, [확인] 단추를 클릭합니다.

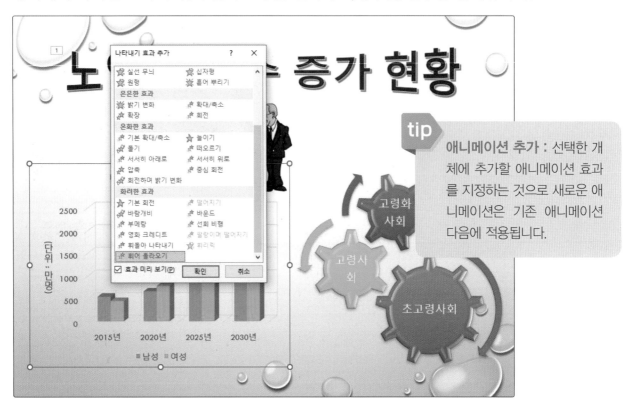

> **tip**
> **애니메이션 추가 :** 선택한 개체에 추가할 애니메이션 효과를 지정하는 것으로 새로운 애니메이션은 기존 애니메이션 다음에 적용됩니다.

2. 슬라이드에서 SmartArt를 선택한 후 [애니메이션] 탭의 [고급 애니메이션] 그룹에서 애니메이션 추가(애니메이션 추가) 단추를 클릭하고, [추가 강조하기 효과]를 선택합니다. [강조하기 효과 추가] 대화 상자에서 은은한 효과의 '보색'을 선택하고, [확인] 단추를 클릭합니다.

3. 슬라이드에서 그림을 선택한 후. [애니메이션] 탭의 [고급 애니메이션] 그룹에서 애니메이션 추가(⭐) 단추를 클릭하고 [추가 끝내기 효과]를 선택합니다. [끝내기 효과 추가] 대화 상자에서 기본 효과의 '시계 방향 회전'을 선택하고, [확인] 단추를 클릭합니다.

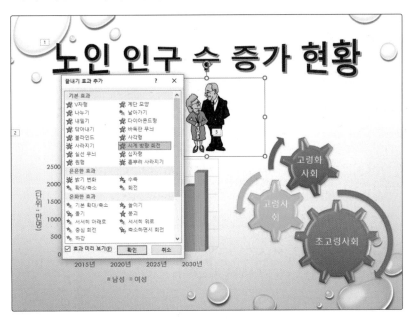

애니메이션 숫자 태그

• 슬라이드에 여러 애니메이션이 설정되면 각 개체의 왼쪽 부분에 숫자 태그(1 , 2 ...)가 표시되어 애니메이션이 실행되는 순서를 나타냅니다.

• 해당 숫자 태그를 클릭하면 지정된 애니메이션을 수정할 수 있습니다.

4. 지금까지 설정한 애니메이션 효과를 확인하기 위하여 [애니메이션] 탭의 [미리 보기] 그룹에서 미리 보기(⭐) 단추를 클릭합니다. 모든 작업이 완료되면 '노인(완성).pptx' 파일로 저장합니다.

1 '에너지.pptx' 파일을 열기한 후, 슬라이드 제목에는 '도형' 애니메이션 효과를 적용하세요.

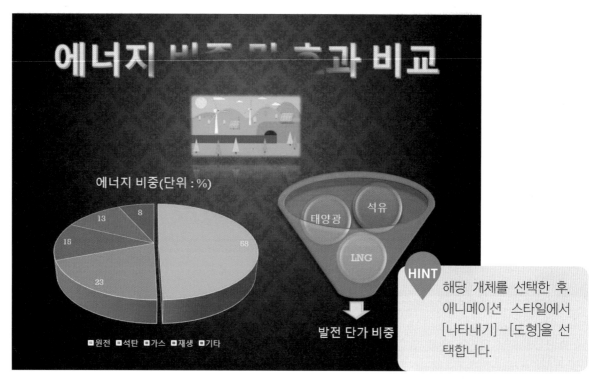

> **HINT** 해당 개체를 선택한 후, 애니메이션 스타일에서 [나타내기]-[도형]을 선택합니다.

2 슬라이드의 차트에는 애니메이션의 추가 나타내기 효과로 '바람개비'를 적용하세요.

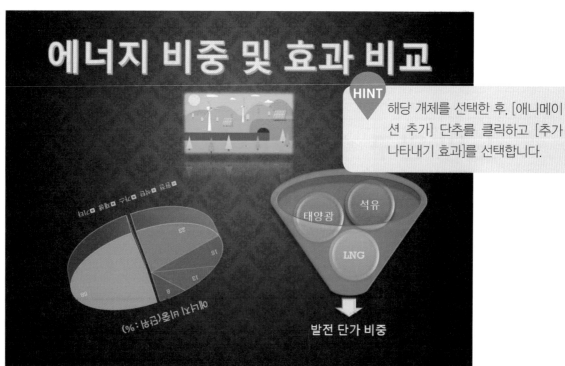

> **HINT** 해당 개체를 선택한 후, [애니메이션 추가] 단추를 클릭하고 [추가 나타내기 효과]를 선택합니다.

3 슬라이드의 SmartArt에는 애니메이션의 추가 강조하기 효과로 '회전'을 적용하세요.

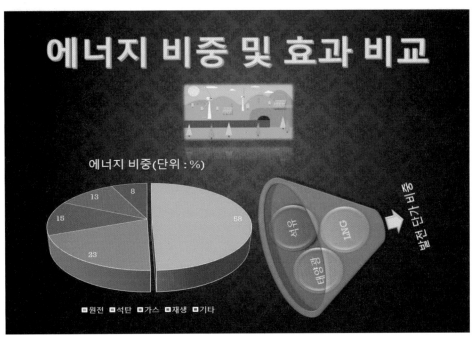

4 슬라이드의 그림에는 애니메이션의 추가 끝내기 효과로 '바둑판 무늬'를 적용하고, '에너지(완성).pptx' 파일로 저장하세요.

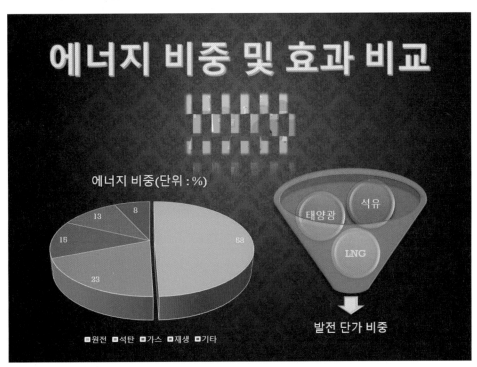

슬라이드 쇼 보기

여러 슬라이드에 대한 구성이 마무리되면 청중들에게 슬라이드 쇼를 이용하여 슬라이드의 전체 화면을 차례대로 보여줍니다. 특히, 슬라이드 쇼를 진행하는 중에는 필요에 따라 다양한 주석 기능을 사용할 수 있습니다. 여기에서는 슬라이드 쇼와 주석을 사용하는 방법에 대해 알아봅니다.

1 슬라이드 쇼 보기

1. '양자.pptx' 파일을 열기한 후 [슬라이드 쇼] 탭의 [슬라이드 쇼 시작] 그룹에서 처음부터() 단추를 클릭합니다.

> **tip**
>
> **슬라이드 쇼**
> 상태 표시줄의 보기 단추 중 슬라이드 쇼(모)단추를 클릭하거나 F5 키를 누르면 슬라이드 쇼를 바로 실행할 수 있습니다.

2. 다음과 같이 '슬라이드 1'부터 슬라이드 쇼가 실행되면 마우스로 화면을 클릭하거나 Enter 키를 누릅니다.

3. 슬라이드 쇼에서 특정 부분을 확대하려면 슬라이드 하단에 있는 슬라이드 확대(🔍) 아이콘을 클릭하고, 원하는 부분을 선택하면 됩니다.

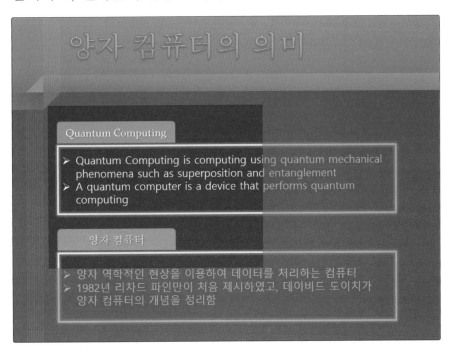

tip

슬라이드 쇼 끝내기

슬라이드 쇼 중간에 슬라이드 쇼를 끝내려면 마우스 오른쪽 버튼을 누르고, [쇼 마침]을 선택하거나 [Esc] 키를 누릅니다.

4. 마지막 슬라이드까지 이동한 후 슬라이드 쇼를 종료하려면 마우스를 클릭하거나 [Esc] 키 또는 [Enter] 키를 누릅니다.

② 주석 사용하기

1. [슬라이드 쇼] 탭의 [슬라이드 쇼 시작] 그룹에서 처음부터( ) 단추를 클릭한 후, 슬라이드 2에서 마우스 오른쪽 버튼을 클릭하고 [포인터 옵션]–[형광펜]을 선택합니다.

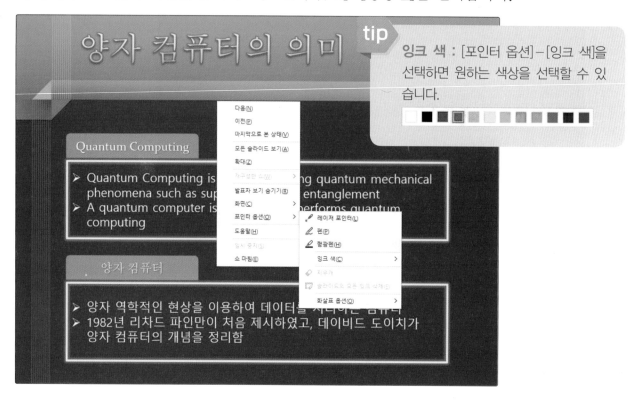

2. 마우스 포인터가 변경되면 원하는 부분에서 마우스를 드래그하여 형광펜을 지정합니다.

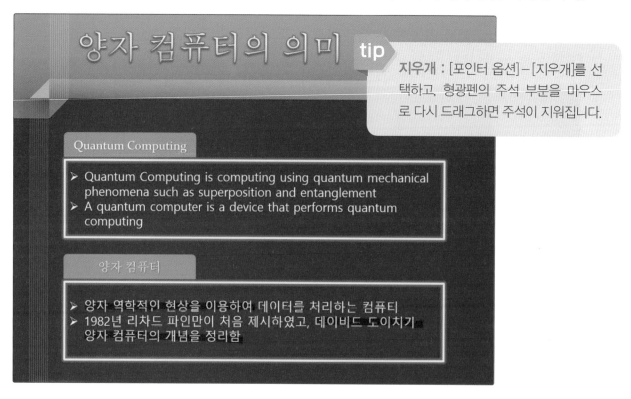

3. 동일한 방법으로 슬라이드 3에서는 [포인터 옵션]-[펜]을 선택하고, 해당 부분에 주석(펜) 표시를 합니다.

4. 슬라이드 쇼가 종료되면 잉크 주석을 유지할지를 묻는 대화 상자가 나타납니다. 잉크 주석을 유지하려면 [예] 단추를 클릭합니다.

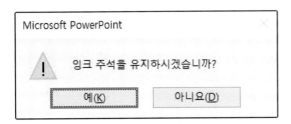

5. 그 결과 슬라이드 2와 3에는 잉크 주석이 그대로 남아 있습니다. 모든 작업이 완료되면 '양자 (완성).pptx' 파일로 저장합니다.

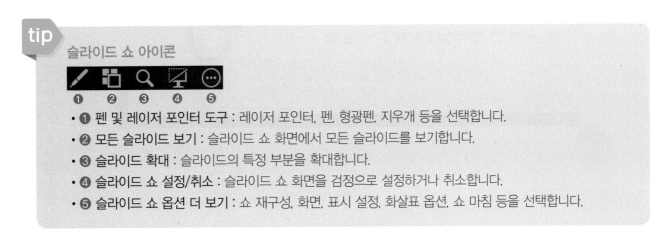

tip

슬라이드 쇼 아이콘

- **❶ 펜 및 레이저 포인터 도구** : 레이저 포인터, 펜, 형광펜, 지우개 등을 선택합니다.
- **❷ 모든 슬라이드 보기** : 슬라이드 쇼 화면에서 모든 슬라이드를 보기합니다.
- **❸ 슬라이드 확대** : 슬라이드의 특정 부분을 확대합니다.
- **❹ 슬라이드 쇼 설정/취소** : 슬라이드 쇼 화면을 검정으로 설정하거나 취소합니다.
- **❺ 슬라이드 쇼 옵션 더 보기** : 쇼 재구성, 화면, 표시 설정, 화살표 옵션, 쇼 마침 등을 선택합니다.

1 '의료.pptx' 파일을 열기한 후 슬라이드 쇼를 처음부터 진행해 보세요.

한국의 의료 현실 | 대한의사협회 검토 보고서

2 슬라이드 쇼 진행 시 슬라이드 2에서는 해당 부분에 형광펜으로 주석을 표시해 보세요.

고가의 장비와 비싼 검사비

❖ 인구 100만 명당 CT 대수 : 한국 38.1대 > OECD 24.9대

❖ 진료비 중 특수 영상료 비중 : 3.2% → 5.7%(매년 증가 추세)

❖ 환자 1,000명당 병상 개수 : 한국 9.3개 > OECD 5.8개

❖ 의료 장비, 검사비, 병상 등 모두 매년 증가하고 있는 상황

HINT 슬라이드 쇼 진행 시 슬라이드 2에서 마우스 오른쪽 버튼을 클릭하고, [포인터 옵션]−[형광펜]을 선택합니다.

3 슬라이드 쇼 진행 시 슬라이드 3에서는 해당 부분에 펜으로 주석을 표시해 보세요.

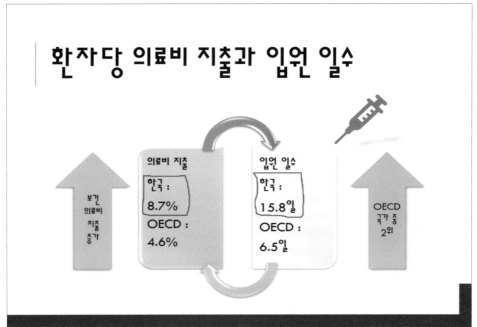

4 슬라이드 쇼의 주석을 모두 유지하고, 모든 슬라이드를 슬라이드 쇼에서 확인한 후, '의료(완성).pptx' 파일로 저장하세요.

HINT 잉크 주석의 유지 여부를 묻는 대화 상자에서 [예] 단추를 클릭한 후, 슬라이드 쇼 아이콘에서 [모든 슬라이드 보기]를 선택합니다.

비디오와 소리 삽입하기

비디오를 활용하면 슬라이드 쇼를 진행할 때 그림(사진)이나 소리를 통한 전달 표현이 부족할 경우, 생생하게 움직이는 동영상을 통해서 보다 효율적으로 내용을 전달할 수 있습니다. 여기에서는 스톡 비디오와 소리를 삽입하여 편집한 후 재생하는 방법에 대해 알아봅니다.

1 스톡 비디오 삽입하기

1. '대한일보.pptx' 파일을 열기한 후 [삽입] 탭의 [미디어] 그룹에서 비디오( ) 단추를 클릭하고, [스톡 비디오]를 선택합니다. [스톡 이미지] 대화 상자의 [비디오] 탭에서 원하는 비디오를 선택하고, [삽입] 단추를 클릭합니다.

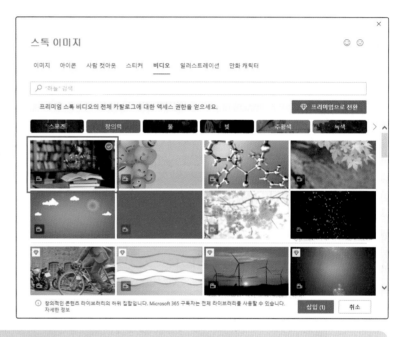

tip

비디오 검색 : [비디오] 탭에서 원하는 비디오가 없을 경우는 검색란에 필요한 내용을 입력하여 검색할 수 있습니다.

2. 슬라이드에 비디오가 삽입되면 크기와 위치를 적당히 조절한 후 [비디오 형식] 탭의 [비디오 스타일] 그룹에서 비디오 셰이프 (비디오 셰이프) 단추를 클릭하고, 사각형의 '사각형: 둥근 모서리'를 선택합니다.

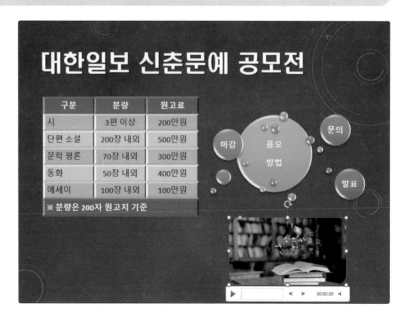

3. 계속해서 [재생] 탭의 [비디오 옵션] 그룹에서 시작의 목록(˅) 단추를 클릭하고, [자동 실행] 을 선택합니다.

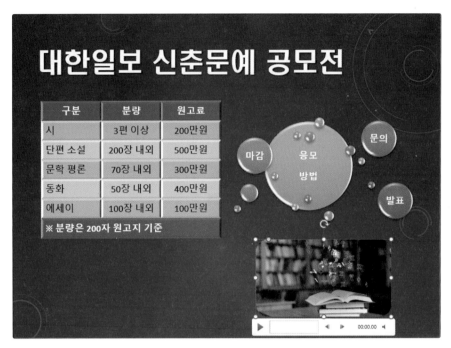

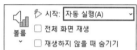

> **tip**
>
> 비디오 재생
>
> 현재 슬라이드 상태에서 비디오를 바로 재생하려면 [재생] 탭의 [미리 보기] 그룹에서 재생(▷) 단추를 클릭 합니다.

4. 비디오를 실행하기 위하여 [슬라이드 쇼] 탭의 [슬라이드 쇼 시작] 그룹에서 현재 슬라이드부 터(현재 슬라이드부터) 단추를 클릭합니다. 그 결과 슬라이드 쇼가 실행되면서 설정한 비디오가 재생됩니다.

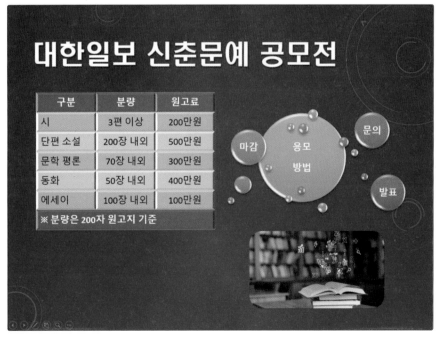

1. [삽입] 탭의 [이미지] 그룹에서 그림(▨) 단추를 클릭하고, [온라인 그림]을 선택합니다. [온라인 그림] 대화 상자의 Bing 검색란에 '도서'를 입력하여 검색한 후, 원하는 그림을 선택하고 [삽입] 단추를 클릭합니다.

2. 슬라이드에 온라인 그림이 삽입되면 크기와 위치를 적당히 조절한 후, [삽입] 탭의 [링크] 그룹에서 실행(▨) 단추를 클릭합니다.

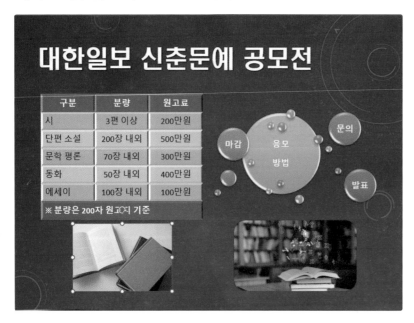

tip
실행 : 개체를 클릭하거나 개체 위에 마우스를 올려놓을 때 실행되는 동작을 선택한 개체에 추가하는 기능으로, 슬라이드를 이동하거나 새로운 프로그램을 열 수 있습니다.

3. [실행 설정] 대화 상자의 [마우스를 클릭할 때] 탭에서 '소리 재생'과 목록(▾) 단추를 클릭하여 '바람'을 선택한 후 [확인] 단추를 클릭합니다.

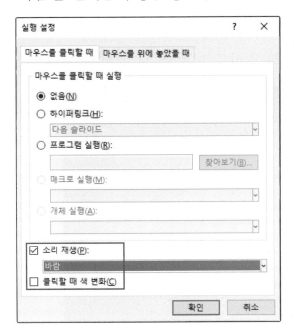

tip

[마우스를 클릭할 때] 탭 : 온라인 그림이나 기타 그림 등의 개체에 소리를 지정한 후 슬라이드 쇼를 진행할 때, 해당 개체를 마우스로 클릭하면 소리가 재생됩니다.

4. [슬라이드 쇼] 탭의 [슬라이드 쇼 시작] 그룹에서 현재 슬라이드부터(⬚) 단추를 클릭한 후, 온라인 그림을 마우스로 클릭하면 설정한 소리를 확인할 수 있습니다. 모든 작업이 완료되면 '대한일보(완성).pptx' 파일로 저장합니다.

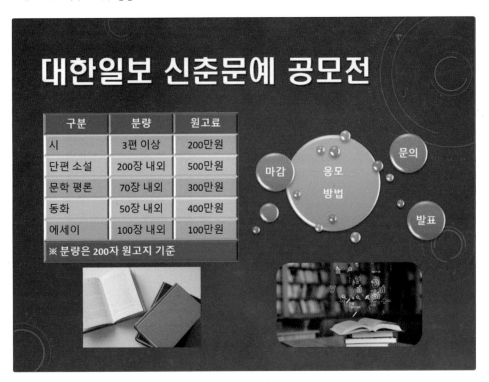

1 '여행지.pptx' 파일을 열기한 후 화면 전환 효과로 '파장'을 모두 적용하세요.

HINT [전환] 탭의 [슬라이드 화면 전환] 그룹에서 화려한 효과의 '파장'을 선택한 후 [타이밍] 그룹에 있는 [모두 적용] 단추를 클릭합니다.

2 슬라이드 1에는 임의의 스톡 비디오를 삽입하고, 비디오 모양을 '타원'으로 지정하세요.

HINT 스톡 비디오가 삽입되면 [비디오 형식] 탭의 [비디오 스타일] 그룹에서 [비디오 셰이프] 단추를 이용합니다.

③ 슬라이드 2에는 온라인 그림(여행)을 삽입하고, 마우스를 클릭할 때 카메라 소리가
나도록 설정하세요.

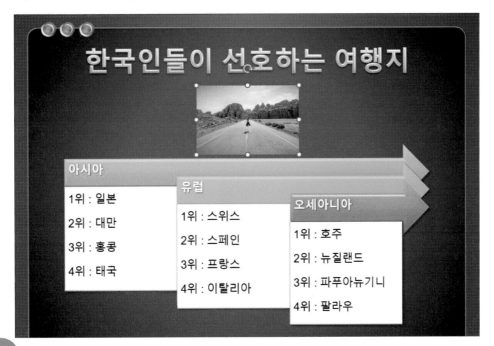

 HINT [실행 설정] 대화 상자의 [마우스를 클릭할 때] 탭에서 소리를 지정합니다.

④ 슬라이드 쇼를 진행한 후 스톡 비디오 재생과 온라인 그림 소리를 확인하고, '여행지
(완성).pptx' 파일로 저장하세요.

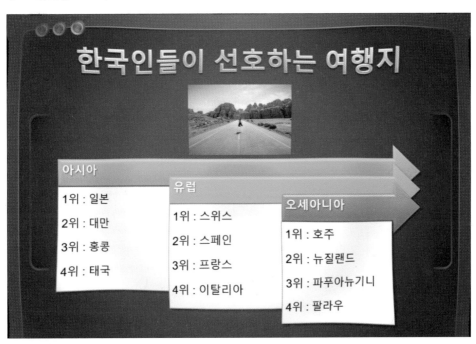

하이퍼링크와 실행 단추 적용하기

하이퍼링크와 실행 단추는 슬라이드 쇼를 진행하면서 다른 슬라이드로 바로 이동할 수 있는 기능입니다. 여기에서는 특정 슬라이드에 하이퍼링크와 실행 단추를 설정하고, 슬라이드 쇼에서 확인하는 방법에 대해 알아봅니다.

1 하이퍼링크 설정하기

1. '화장품.pptx' 파일을 열기한 후, 슬라이드 2에서 네 번째 목차에 있는 내용을 마우스로 드래그하여 블록 지정하고, [삽입] 탭의 [링크] 그룹에서 링크(링크) 단추를 클릭합니다.

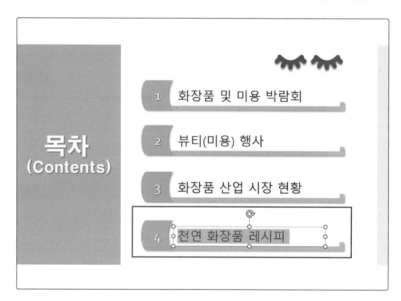

> **tip**
>
> **하이퍼링크** : 웹 페이지와 파일에 빠르게 액세스할 수 있도록 문서에 링크를 설정하는 기능으로, 클릭 시 문서 내 원하는 부분으로 이동할 수도 있습니다.

2. [하이퍼링크 삽입] 대화 상자에서 연결 대상은 '현재 문서', 이 문서에서 위치 선택은 '슬라이드 6'으로 선택한 후 [확인] 단추를 클릭합니다.

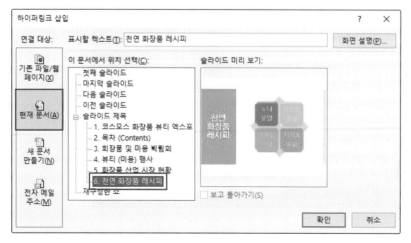

3. 하이퍼링크를 확인하기 위하여 [슬라이드 쇼] 탭의 [슬라이드 쇼 시작] 그룹에서 현재 슬라이드부터( ) 단추를 클릭합니다. 슬라이드 쇼가 실행되면 하이퍼링크가 설정된 텍스트 부분을 마우스로 클릭합니다.

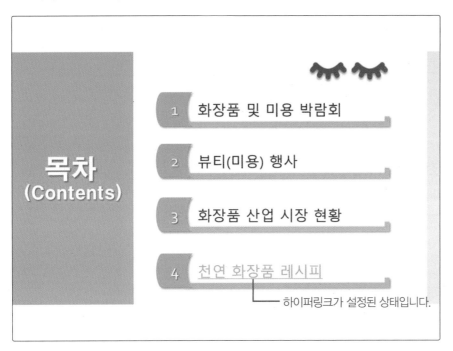

4. 그 결과 하이퍼링크가 설정된 '슬라이드 6'으로 이동되는 것을 확인할 수 있습니다. 슬라이드 쇼를 종료하기 위해 Esc 키를 누릅니다.

1. 슬라이드 3으로 이동한 후 [삽입] 탭의 [일러스트레이션] 그룹에서 도형( ) 단추를 클릭하고,
실행 단추의 '실행 단추: 홈으로 이동'을 선택합니다. 마우스 포인터가 '+' 모양으로 변경되면
슬라이드에 적당한 크기로 드래그하여 삽입합니다.

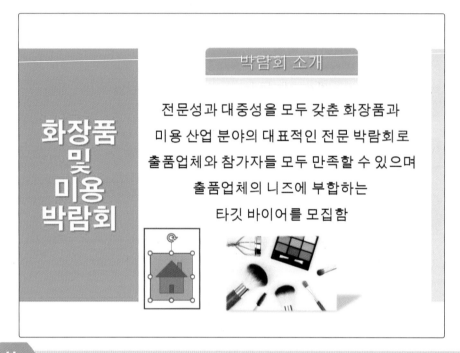

tip
실행 단추

◁ ▷ ◁| |▷ ⌂

- **뒤로 또는 앞으로 이동/앞으로 또는 다음으로 이동** : 다음 또는 이전/이전 또는 다음 슬라이드로 이동합니다.
- **처음으로 이동/끝으로 이동** : 첫 번째/마지막 슬라이드로 이동합니다.
- **홈으로 이동** : 첫 번째 슬라이드로 이동합니다.

2. [실행 설정] 대화 상자가 나타나면 [마우스를 클릭
할 때] 탭에서 '하이퍼링크'와 '첫째 슬라이드'를 선
택하고, [확인] 단추를 클릭합니다.

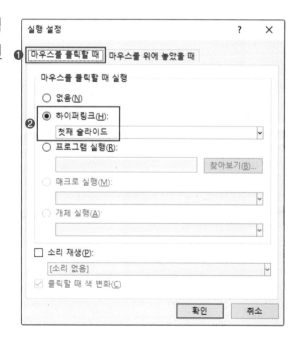

3. 실행 단추를 확인하기 위하여 [슬라이드 쇼] 탭의 [슬라이드 쇼 시작] 그룹에서 현재 슬라이드 부터( ) 단추를 클릭합니다. 슬라이드 쇼가 실행되면 삽입한 실행 단추를 마우스로 클릭합니다.

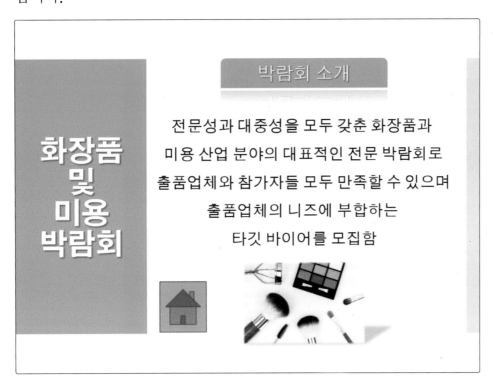

4. 그 결과 실행 단추에서 설정한 첫째 슬라이드(슬라이드 1)로 이동되는 것을 확인할 수 있습니다. 모든 작업이 완료되면 '화장품(완성).pptx' 파일로 저장합니다.

1 '생체.pptx' 파일을 열기한 후 슬라이드 2의 해당 부분 ('신분을 식별할 수 있는 정보') 에 대해 하이퍼링크(슬라이드 4)를 설정하세요.

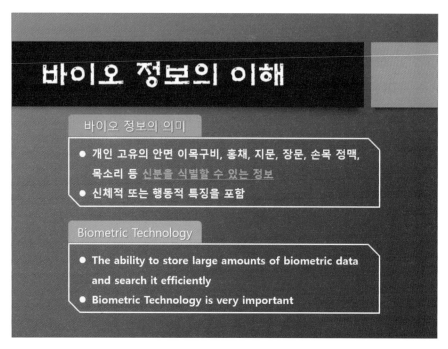

2 슬라이드 4에서 이전 슬라이드로 이동하는 실행 단추를 삽입하세요.

HINT [실행 설정] 대화 상자의 [마우스를 클릭할 때] 탭에서 '하이퍼링크'와 '이전 슬라이드'를 선택합니다.

3 슬라이드 3에서 첫째 슬라이드로 이동하는 실행 단추를 삽입하세요.

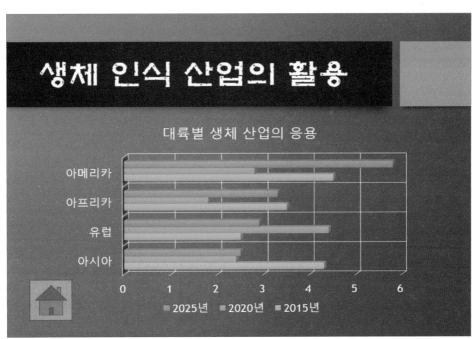

4 슬라이드 쇼에서 하이퍼링크와 실행 단추를 모두 확인한 후 '생체(완성).pptx' 파일로 저장하세요.

슬라이드 예행 연습하기

예행 연습은 슬라이드 쇼에서 여러 프레젠테이션을 실행하기에 앞서 미리 연습하는 기능입니다. 여기에서는 프레젠테이션에서 예행 연습하는 방법과 각 슬라이드의 정확한 시간을 파악하는 방법에 대해 알아봅니다.

1 슬라이드 예행 연습 설정하기

1. '채용.pptx' 파일을 열기한 후 예행 연습을 하기 위하여 [슬라이드 쇼] 탭의 [설정] 그룹에서 예행 연습() 단추를 클릭합니다. 슬라이드 쇼가 실행되면 각 슬라이드마다 화면 왼쪽 상단에 슬라이드의 녹화 시간이 표시됩니다.

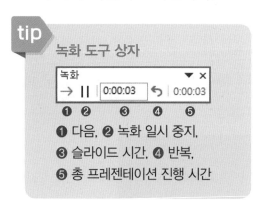

> **tip**
>
> 녹화 도구 상자
>
> ❶ 다음, ❷ 녹화 일시 중지,
> ❸ 슬라이드 시간, ❹ 반복,
> ❺ 총 프레젠테이션 진행 시간

2. 슬라이드 시간을 직접 지정하려면 슬라이드 쇼에 표시된 녹화 도구 상자를 클릭하여 시간을 입력하고, Enter 키를 누르거나 다음(▶)을 클릭합니다.

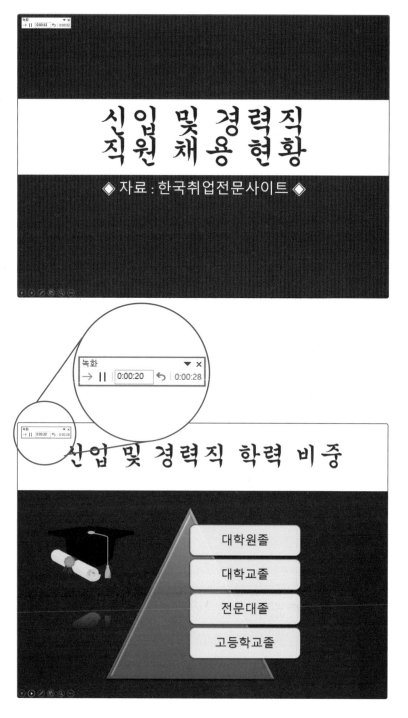

3. 모든 슬라이드 쇼의 예행 연습이 종료되면 슬라이드 쇼에 걸린 시간과 새 슬라이드 시간의 저장 유무를 묻는 대화 상자에서 [예] 단추를 클릭합니다.

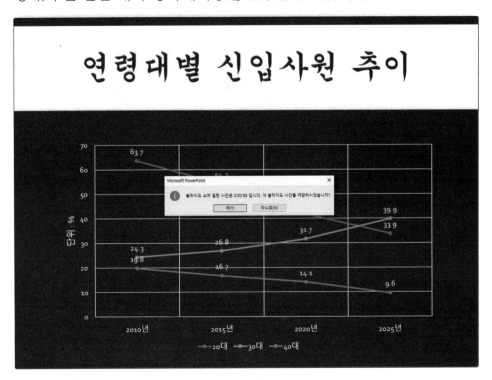

4. 상태 표시줄에서 여러 슬라이드(⊞) 단추를 클릭하면 여러 슬라이드 보기 화면이 나타나면서 각 슬라이드마다 녹화 시간이 표시됩니다. 모든 작업이 완료되면 '채용(완성).pptx' 파일로 저장합니다.

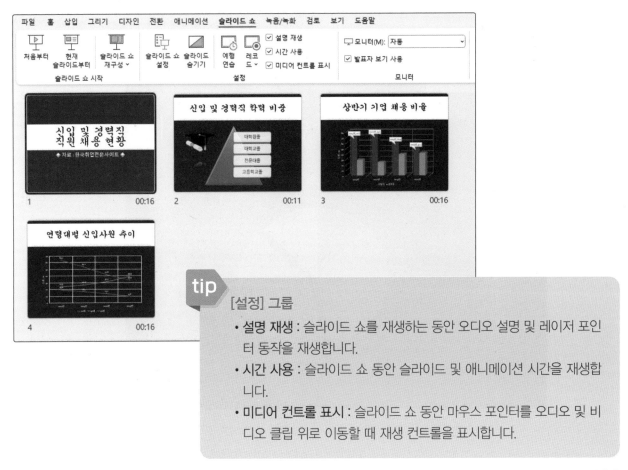

tip [설정] 그룹
- **설명 재생** : 슬라이드 쇼를 재생하는 동안 오디오 설명 및 레이저 포인터 동작을 재생합니다.
- **시간 사용** : 슬라이드 쇼 동안 슬라이드 및 애니메이션 시간을 재생합니다.
- **미디어 컨트롤 표시** : 슬라이드 쇼 동안 마우스 포인터를 오디오 및 비디오 클립 위로 이동할 때 재생 컨트롤을 표시합니다.

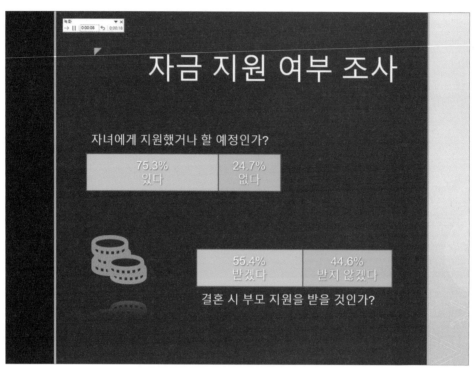

혼자 풀어보기

① '결혼.pptx' 파일을 열기한 후 슬라이드 1과 슬라이드 2에는 예행 연습의 녹화 시간을 20초 이내로 설정하세요.

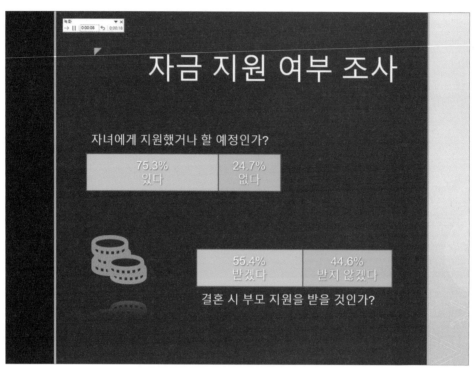

② 슬라이드 3과 슬라이드 4에는 예행 연습의 녹화 시간을 30초 이내로 설정하세요.

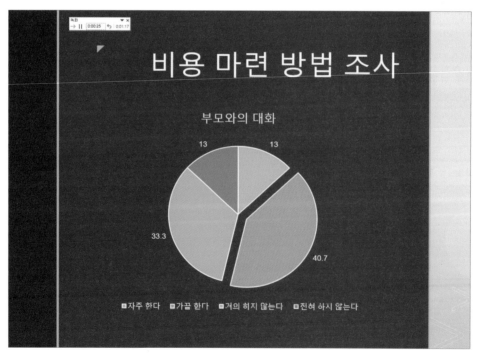

3 각 슬라이드마다 설정한 녹화 시간을 모두 확인해 보세요.

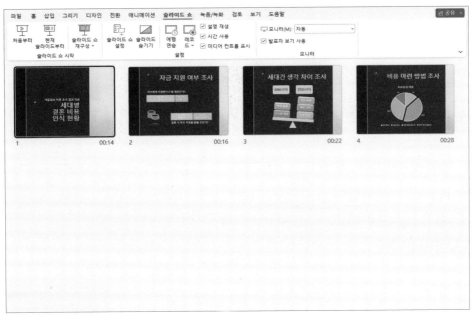

4 여러 슬라이드 보기에서 슬라이드 2와 슬라이드 3을 일시적으로 숨기기한 후 '결혼(완성).pptx' 파일로 저장하세요.

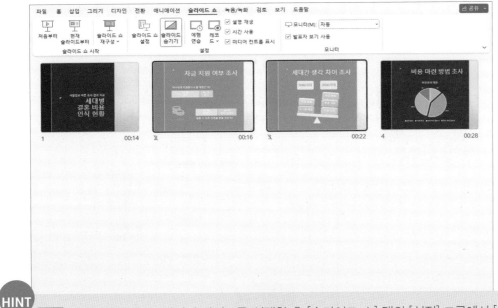

HINT Ctrl 키를 이용하여 두 개의 슬라이드를 선택한 후 [슬라이드 쇼] 탭의 [설정] 그룹에서 [슬라이드 숨기기] 단추를 클릭합니다.

프레젠테이션 인쇄하기

인쇄는 현재 슬라이드 내용을 종이에 프린트하는 기능으로 여기에서는 슬라이드를 인쇄하기 전에 여러 가지의 설정 사항을 확인하고, 인쇄하는 방법에 대해 알아봅니다.

1 슬라이드 인쇄 설정하기

1. '화장품.pptx' 파일을 열기한 후 [파일] 탭에서 [인쇄]를 선택합니다. 인쇄 창이 나타나면 프린터의 '프린터 속성'을 클릭합니다.

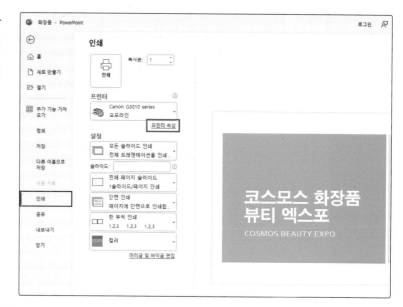

tip

머리글 및 바닥글 편집 : [머리글/바닥글] 대화 상자에서 날짜 및 시간, 슬라이드 번호, 머리글/바닥글 등을 설정할 수 있습니다.

2. [프린터 속성] 대화 상자의 [기본] 탭에서 용지 종류, 인쇄 품질 등을 설정하고, [확인] 단추를 클릭합니다.

3. 다시 인쇄 창이 나타나면 [전체 페이지 슬라이드]를 클릭하고, 유인물에서 '6슬라이드 가로'를 선택합니다.

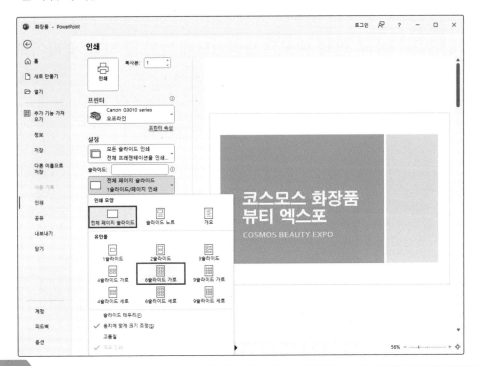

4. 이번에는 용지 방향을 '가로 방향'으로 선택한 후 미리 보기를 확인하고, 인쇄(🖨) 단추를 클릭합니다.

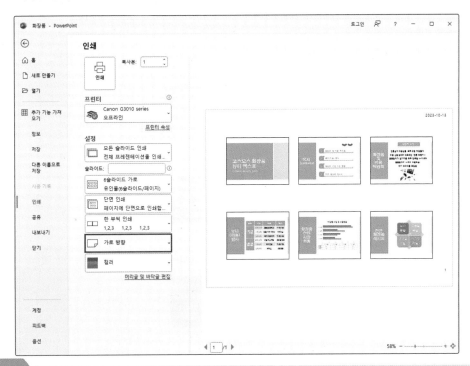

혼자 풀어보기

① '생체.pptx' 파일을 열기한 후 인쇄 시 모든 슬라이드에 날짜 및 시간, 슬라이드 번호, 바닥글(생체와 바이오)을 지정하세요.

HINT [머리글/바닥글] 대화 상자의 [슬라이드] 탭에서 '날짜 및 시간', '슬라이드 번호', '바닥글'을 지정하고, [모두 적용] 단추를 클릭합니다.

② 유인물을 '4슬라이드 세로'로 지정한 후 인쇄 매수를 5장으로 설정하세요.

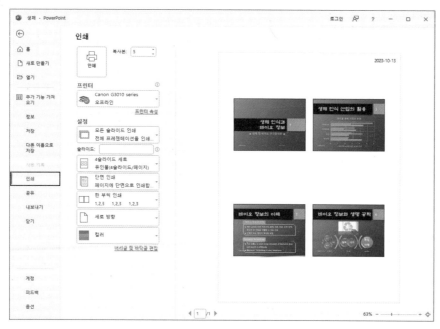

종합문제

종합문제 1. 다음의 조건에 따라 프레젠테이션을 작성해 보세요.

조건1 • 제목 슬라이드에 '패싯' 테마를 적용한 후, 주어진 내용을 작성하고 '신문고.pptx' 파일로 저장하세요.

조건2 • 제목 및 내용 슬라이드에 '메디슨' 테마를 적용한 후, 주어진 내용을 작성하고 '주차장.pptx' 파일로 저장하세요.

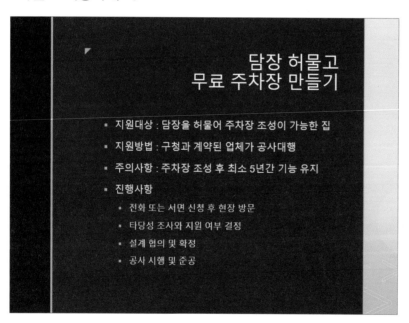

 HINT 진행사항 아래는 `Tab` 키를 이용하여 단락 수준을 조정합니다.

조건 3

• 콘텐츠 2개 슬라이드에 '이온' 테마를 적용한 후, 주어진 내용을 작성하고 '수리.pptx' 파일로 저장하세요.

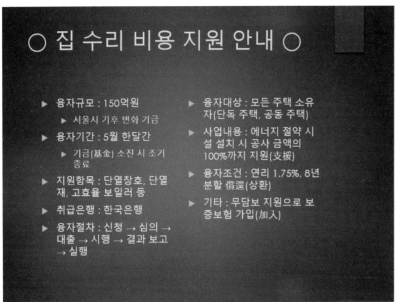

HINT 한글 자음(ㅁ)을 이용하여 기호를 삽입하고, 입력 형태에 맞게 한자를 변환합니다.

 조건 4

• 제목만 슬라이드에 '어린이' 테마를 적용한 후, 주어진 도형을 작성하고 '교육비.pptx' 파일로 저장하세요.

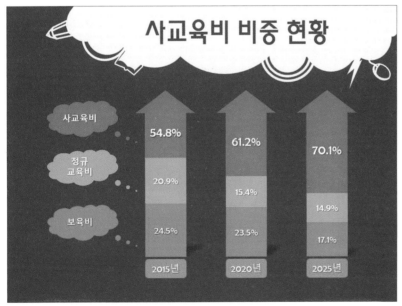

HINT 여러 도형을 삽입한 후 도형 채우기, 도형 윤곽선, 도형 효과를 지정하고, 글꼴 크기와 글꼴 스타일을 각각 설정합니다.

종합문제

조건5
- 빈 화면 슬라이드에 '슬라이스' 테마를 적용한 후, 주어진 WordArt를 작성하고 '공간.pptx' 파일로 저장하세요.

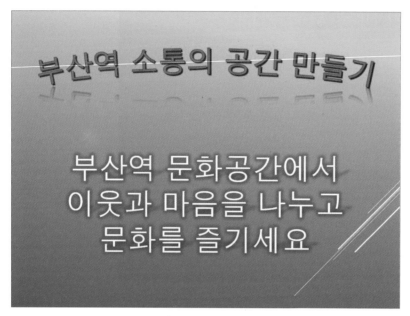

HINT 텍스트 효과에는 반사, 네온, 그림자, 변환을 지정합니다.

조건6
- 제목만 슬라이드에 '아틀라스' 테마를 적용한 후, 주어진 SmartArt를 작성하고 '예산.pptx' 파일로 저장하세요.

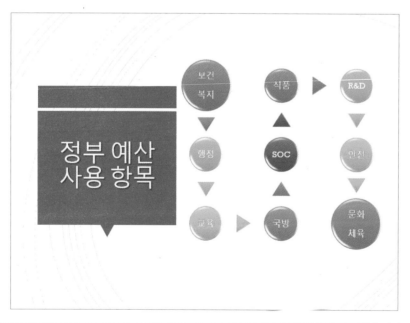

HINT 순환식 벤딩 프로세스형을 삽입한 후, 색 변경과 SmartArt 스타일을 지정합니다.

종합문제 2. 다음의 조건에 따라 프레젠테이션을 작성해 보세요.

 조건1
- 제목만 슬라이드에 '교육' 테마를 적용한 후, 도형과 온라인 그림으로 차트를 작성하고 '불황.pptx' 파일로 저장하세요.

HINT 온라인 그림은 '석유', '지폐', '동전'을 검색하여 각각 삽입한 후 가로 간격을 동일하게 합니다.

 조건2
- 제목 및 내용 슬라이드에 '이온(회의실)' 테마를 적용한 후, 주어진 표를 작성하고 '영유아.pptx' 파일로 저장하세요.

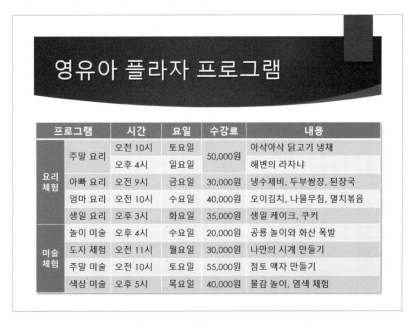

HINT 표를 작성한 후 표 스타일 옵션, 표 스타일, 효과를 지정합니다.

종합문제

조건 3
- 제목 및 내용 슬라이드에 '보기' 테마를 적용한 후, 주어진 차트를 작성하고 '극장.pptx' 파일로 저장하세요.

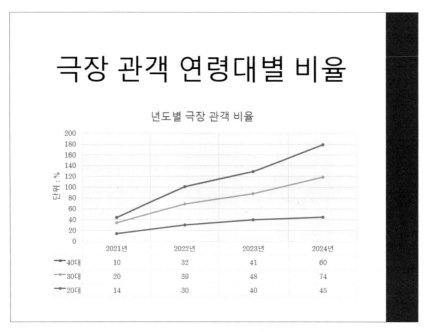

HINT 차트를 작성한 후 축 제목, 데이터 테이블, 눈금선, 범례를 변경한 후 색 변경을 지정합니다.

조건 4
- 콘텐츠 2개 슬라이드에 '배지' 테마를 적용한 후, 주어진 SmartArt와 차트를 작성하고 '해외상품.pptx' 파일로 저장하세요.

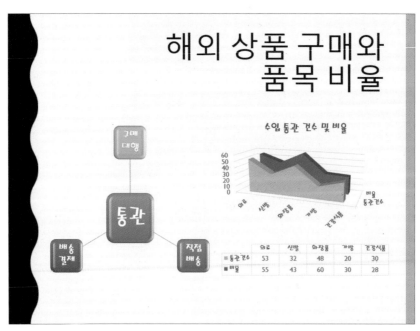

종합문제 3. 다음의 조건에 따라 프레젠테이션을 편집해 보세요.

 • '인천시.pptx' 파일을 열기한 후, 화면 전환 효과로 '소용돌이-위에서'를 적용하세요.

 • '교역현황.pptx' 파일을 열기한 후, 제목은 '십자형', 차트는 '회전', 아이콘 그림은 '바람개비'의 애니메이션 효과를 각각 지정하세요.

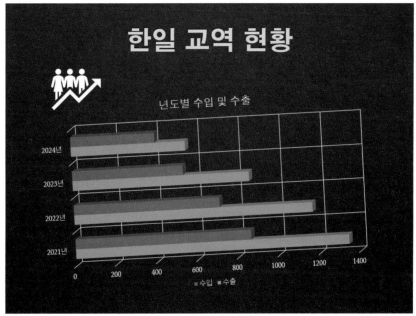

HINT 애니메이션 추가에서 추가 나타내기 효과, 추가 강조하기 효과, 추가 끝내기 효과를 각각 지정합니다.

• '인구조사.pptx' 파일을 열기한 후, 각 슬라이드의 예행 연습 녹화 시간을 15초 이내로 설정하세요.

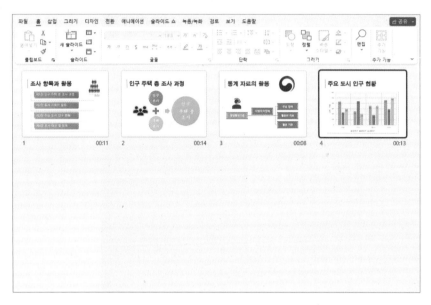

• '인구조사.pptx' 파일에서 인쇄 시 모든 슬라이드에 슬라이드 번호와 바닥글(인구조사)을 지정한 후, 유인물을 '4슬라이드 가로'로 지정하세요.

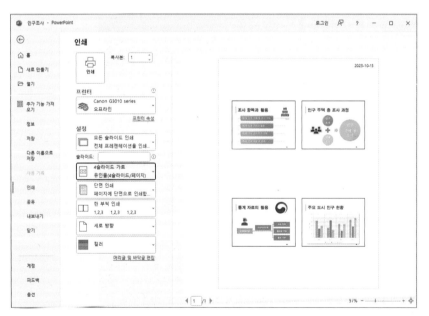

[머리글/바닥글] 대화 상자의 [슬라이드] 탭에서 '슬라이드 번호'와 '바닥글'을 지정하고, [모두 적용] 단추를 클릭합니다.

종합문제 4. 다음의 조건에 따라 프레젠테이션을 작성하고, 편집해 보세요.

 조건1
- 빈 화면 슬라이드에 '발전' 테마를 적용한 후, 주어진 WordArt, 도형, 아이콘을 삽입하고 '산업혁명.pptx' 파일로 저장하세요.

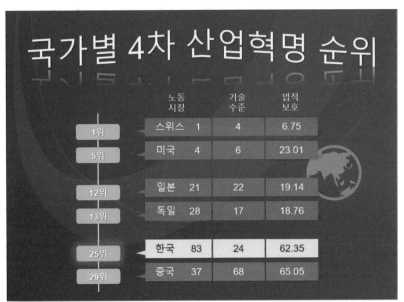

HINT
WordArt, 도형, 아이콘에 각각의 효과를 지정한 후 상단 내용은 가로 텍스트 상자를 이용합니다.

 조건2
- 빈 화면 슬라이드에 '심플' 테마를 적용한 후, 주어진 WordArt, SmartArt를 삽입하고 '도서관.pptx' 파일로 저장하세요.

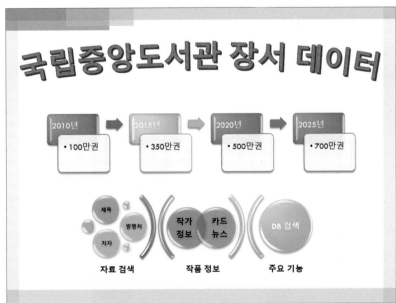

HINT
강조 프로세스형과 단계 프로세스형을 삽입한 후, 색 변경과 SmartArt 스타일을 지정하고 글꼴 서식을 변경합니다.

종합문제

조건3
- 콘텐츠 2개 슬라이드에 '자연' 테마를 적용한 후, 주어진 표와 차트를 작성하고 '남북.pptx' 파일로 저장하세요.

남북 교역 유형별 현황

유형	2020년	2025년	
		전반기	후반기
개성공단	45.6%	23.7%	56.2%
위탁가공	0		
일반교역	13.6%	33.3%	27.8%
금강산관광	10%	15.9%	16.1%
대북지원	22.2%	31.2%	42.6%
사회문화협력	9.4%	0	

교역 품목 현황

■ 섬유류 ■ 전자제품 ■ 기계류 ■ 생활용품 ■ 공업제품

HINT
표에는 표 스타일과 효과를 지정한 후, 차트에는 데이터 레이블을 적용하고 '섬유류' 계열을 드래그하여 따로 분리합니다.

조건4
- 콘텐츠 2개 슬라이드에 '천체' 테마를 적용한 후, 주어진 차트와 SmartArt를 삽입하고 '부동산.pptx' 파일로 저장하세요.

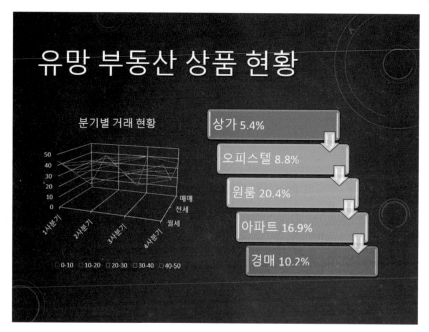

조건5
• '맞벌이.pptx' 파일을 열기한 후, 화면 전환 효과로 '바둑판 무늬–위에서'와 '폭발' 소리를 적용하세요.

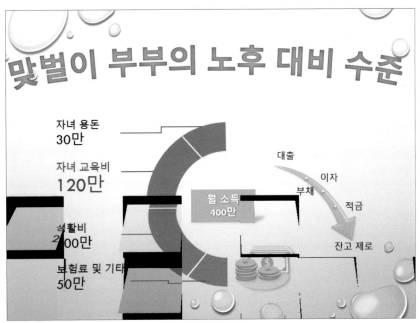

조건6
• '비타민.pptx' 파일을 열기한 후, 제목은 '추가 나타내기 효과–실선 무늬', 왼쪽 도형은 '추가 강조하기 효과–펄스', 오른쪽 도형은 '추가 끝내기 효과–십자형'의 애니메이션 효과를 각각 지정하세요.

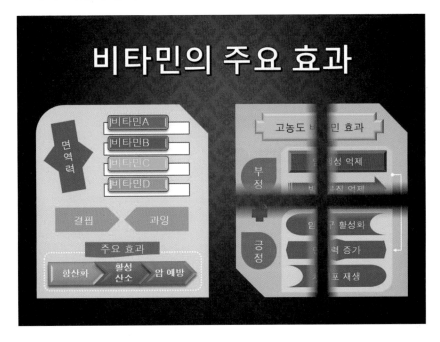

Start! 첫걸음
파워포인트 2021 단계별 정복하기

2024년 1월 10일 초판 발행
2025년 1월 5일 2판 인쇄
2025년 1월 10일 2판 발행

펴낸이 | 김정철
펴낸곳 | 아티오
지은이 | Vision IT
표지 디자인 | 김지영
편집 디자인 | 이효정
마케팅 | 강원경
전   화 | 031-983-4092~3
팩   스 | 031-696-5780
등   록 | 2013년 2월 22일
정   가 | 10,000원
홈페이지 | http://www.atio.co.kr
주   소 | 경기도 고양시 호수로 336 (브라운스톤, 백석동)

＊소스 자료는 아티오(www.atio.co.kr)의 [자료실]–[Start! 첫걸음 시리즈] 메뉴에서 다운 받으세요.